Zwischen Perl und Koblenz windet sie sich mit zahlreichen Schleifen mitten durch uraltes Kulturland: die Mosel. Wer die facettenreiche Landschaft zwischen Weinbergen, Wäldern und Felsen zu Fuß erkunden möchte, der ist auf den Seitensprüngen goldrichtig. Insgesamt schlängeln sich 20 teils durchaus ambitionierte und bis auf den Kluckertspfad als Premiumwanderwege zertifizierte Rundtouren durch malerische Seitentäler und über die Moselhöhen. Band 1 beschreibt zehn Wege an der Ober- und Mittelmosel zwischen Trier und Bernkastel-Kues, Band 2 widmet sich zehn Wegen zwischen Bernkastel-Kues und Koblenz, die durch sieben Traumpfade ergänzt werden.

Die Seitensprünge verführen zu Entdeckungen rechts und links der Pfade, bereichern den Wandertag mit steinernen Zeitzeugen aus Römerzeit und Mittelalter, locken mit verwunschenen Waldtälern oder steilen Schieferhängen, an denen einige der besten Reben Deutschlands gedeihen. Und so ist es kaum verwunderlich, dass fast an allen Wegen urige Winzerstuben zur Abschlusseinkehr einladen.

ideemedia

INHALT BAND 2: BERNKASTEL-KUES BIS KOBLENZ

Band 1 Trier bis Bernkastel-Kues

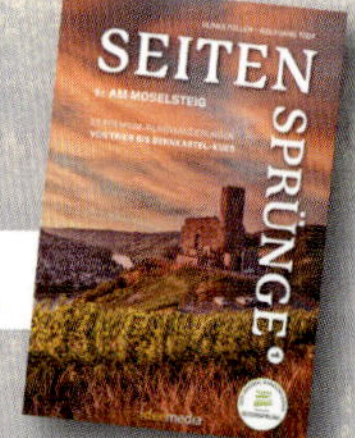

Alle *.gpx-Daten zum Download
www.wander-touren.com

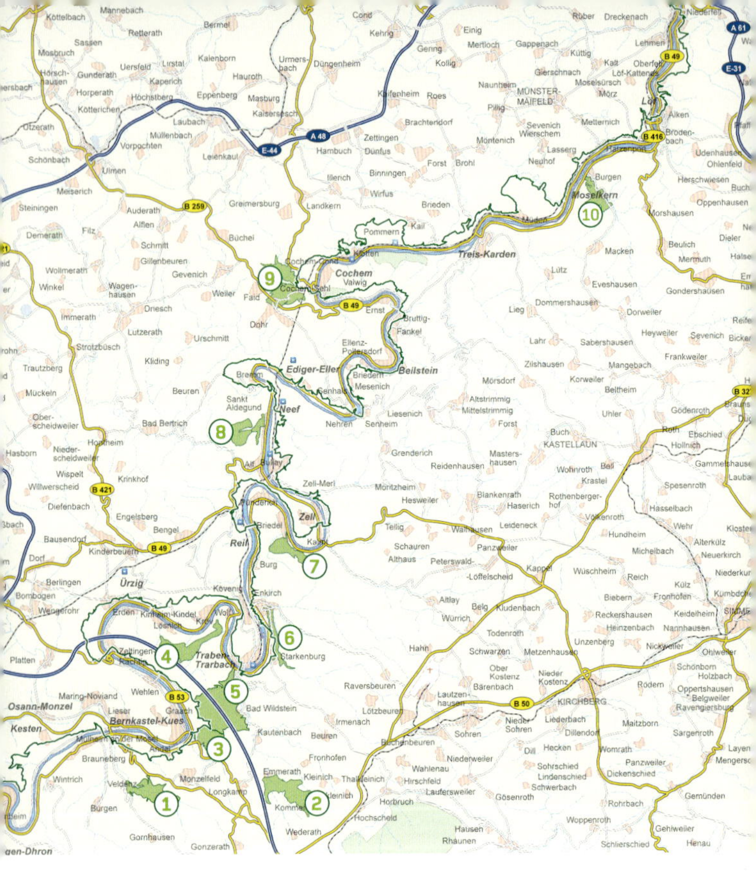

Band 2 Bernkastel-Kues bis Koblenz

1. Graf Georg Johannes Weg
   Veldenz
2. Kirchspiel Tälertour
   Kleinich
3. Bernkasteler Bärensteig
   Bernkastel-Kues
4. Kluckertspfad
   Kinheim-Kindel
5. Moseltalschanzen
   Traben-Trarbach
6. Leiermannspfad
   Enkirch
7. Briedeler Schweiz
   Briedel
8. Felsen. Fässer. Fachwerk
   St. Aldegund
9. Cochemer Ritterrunde
   Cochem
10. Borjer Ortsbachpädche
    Burgen

Campingplätze & Wohnmobilstellplätze

- **Wohnmobilstellplatz Veldenz:** Verkehrsamt Veldenz, Hauptstraße 25, 54472 Veldenz 06534/1203, www.veldenz-mosel.de ▸ Tour 1
- **Wohnmobilstellplatz Brauneberg:** Touristikbüro, Moselweinstraße 101, 54472 Brauneberg 06534/933333, www.brauneberg.de ▸ Tour 1
- **Campingplatz Idylle Pilmeroth:** KLIWO Klingenberger, 54483 Kleinich-Fronhofen 06536/932006, www.kliwo.eu/Camping ▸ Tour 2
- **KNAUS Campingpark Bernkastel-Kues:** Am Hafen 2, 54470 Bernkastel-Kues 06531/8200, www.knauscamp.de ▸ Tour 3
- **Camping Schenk:** Hauptstr. 165, 54470 Bernkastel-Kues/Wehlen 06531/8176, www.camping-schenk.de ▸ Tour 3 + 5
- **Wohnmobilstellplatz Studert-Prüm:** Uferalle 22, 54470 Bernkastel-Kues/Wehlen 06531/2487, www.studert-pruem.com ▸ Tour 3
- **Wohnmobilstellplatz Lösnich:** Gestade 8, 54492 Lösnich 06532/953867, www.loesnich.de/wohnmobilplatz ▸ Tour 4
- **Campingplatz Erden:** Am Moselufer 2, 54492 Erden 06532/4060, www.camping-erden.de ▸ Tour 4
- **Wohnmobilstellplatz „Sun Park":** Gestade 16a, 54470 Graach 06531/9719988, www.sunpark-mosel.de ▸ Tour 5
- **Wohnmobilstellplatz Traben-Trarbach:** Rissbacherstraße 155, 56841 Traben-Trarbach 06541/3111, www.mosel-camping-platz.de ▸ Tour 5
- **Wohnmobilstellplatz Enkirch:** Brunnenplatz 2, 56850 Enkirch 06541/9265, www.enkirch.de ▸ Tour 6
- **Campingplatz Marienburg:** Moselallee 3, 56862 Pünderich www.camping-marienburg.de ▸ Tour 7
- **Campingplatz Moselland:** Im Planters, 56862 Pünderich 06542/2618, www.campingplatz-moselland.de ▸ Tour 7
- **Campingpark Zell (Mosel) & Wohnmobilstellplätze:** Am Moselufer, 56856 Zell-Kaimt 06542/961216, www.campingpark-zell.de ▸ Tour 7
- **Wohnmobilstellplatz:** 56858 Sankt Aldegund www.st-aldegund.de ▸ Tour 8
- **Wohnmobilstellplatz „Zum Frauenberg":** 56858 Neef www.neefmosel.de ▸ Tour 8
- **Mosel Camping Cochem:** Stadionstraße, 56812 Cochem 02671/4409, www.campingplatz-cochem.de ▸ Tour 9
- **Wohnmobilstellplatz Mühlen Hotel Konschake:** Baybachstraße 50, 56332 Burgen 02605/776, www.muehlenhotel-konschake.de ▸ Tour 10
- **Camping „Burg Eltz":** Moselstr. 39, 56254 Moselkern 02672/9135861, www. camping-burg-eltz.de ▸ Tour 10

ZEICHEN IM BUCH

- Wanderweg
- Sehr leicht
- Leicht
- Mittel
- Schwer
- Sehr schwer

Erläuterung zur Schwierigkeit unter:
www.schoeneres-wandern.de/html/bucher.html

- Download GPX
- Gehzeit
- Steigung/Gefälle
- Höchster Punkt
- Kalorienverbrauch
- Anfahrt
- Parkplatz

- Telefonnummer
- Internet-Adresse
- Öffnungszeiten/Termine*
- Start/Ziel
- (1) Streckenpunkt
- Tourist-Info
- Hundetipp
- Einkehren
- Übernachten
- Tipp/Hinweis
- Bus/Bahn
- Taxi
- Wohnmobil-Stellplatz
- Nicht barrierefrei
- Burg/Schloss

scan to go®

▸ mit App: Tour laden ▸ S. 159
▸ ohne App: Startpunkt ▸ S. 154

** Öffnungszeiten sind saisonabhängig. Bitte telefonisch erfragen.*

- **Wegformat:**
Fester Belag | Harter Belag | Natur-Belag

- **Höhenangaben:** Bezogen auf NN
- **Entfernungsangaben:** Beschriebene Hauptstrecke inkl. empfohlener Abstecher (ca.)
- **GPS-Daten:** Kürzeste Strecke
- **Zeitangaben:** Mittleres Wandertempo (reine Gehzeit, ohne Pausen)
- **Koordinatenangaben der POIs:** Wir geben UTM-Koordinaten der Zone 32 U WGS 84 an. Dieses System nutzen u.a. alle offiziellen Karten der Landesvermessungsämter. Für die Pkw-Navigationsgeräte geben wir für die Park-/Startplätze die geografischen Koordinaten in Breite/Länge (hddd°mm'ss.s) an. Diese können von den meisten gängigen AutoNavis verwendet werden. In den Outdoor GPS-Geräten sowie auf PCs und mobilen Geräten können die Koordinatensysteme entsprechend eingestellt werden.

- **Kalorienberechnung:** Für jede Etappe wird der Kalorienverbrauch angegeben. Dieser wird unter Berücksichtigung von Entfernung, Aufstieg, Zeit, Geschlecht, Alter, Gewicht und Körpergröße für zwei Beispielpersonen berechnet (Mann: 50 Jahre, 175 cm, 70 kg; Frau: 50 Jahre, 165 cm, 60 kg). Ihre persönliche Berechnung können Sie unter www.schoeneres-wandern.de durchführen. Die Kalorienberechnung ist für Mittelgebirgstouren optimiert.

- **Allgemeine Infos:**
Mosellndtouristik GmbH
Kordelweg 1, 54470 Bernkasetl-Kues
✆ 06531/9733-0
ⓘ www.visitmosel.de/wandern

- An der Untermosel werden die Seitensprünge durch die Traumpfade und kürzeren Traumpfädchen ergänzt. Diese sind mit eigenen Logos gekennzeichnet. Beschrieben werden alle 27 Traumpfade und 11 Traumpfädchen in den Bänden Traumpfade & Traumpfädchen Band 1 (Rhein/Mosel) und Band 2 (Eifel).
ⓘ www.ideemediashop.de.

Download der .gpx-Daten unter www.wander-touren.com

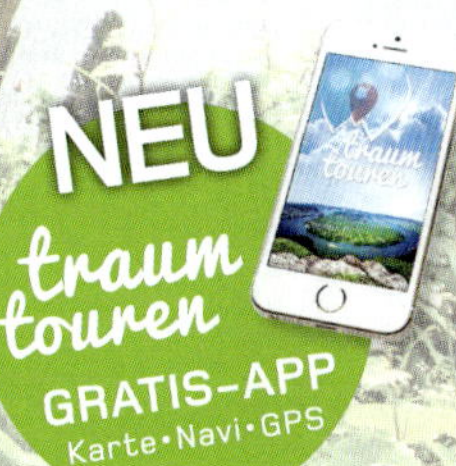

1 Graf Georg Johannes Weg

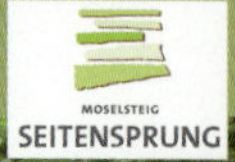

Fabelhafte Felsenblicke

14.4	5h	573	416	1160 1362	
km	(Zeit)	↑ ↓	▲	♀ ♂	MS21XX1

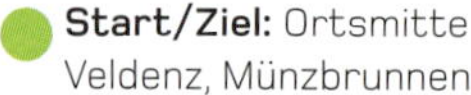

Start/Ziel: Ortsmitte Veldenz, Münzbrunnen

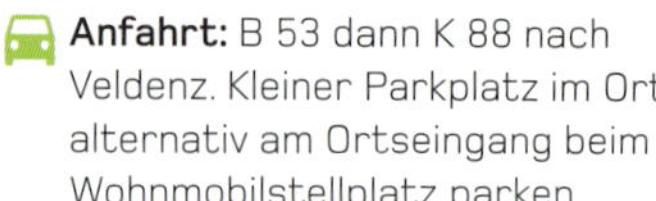

Anfahrt: B 53 dann K 88 nach Veldenz. Kleiner Parkplatz im Ort, alternativ am Ortseingang beim Wohnmobilstellplatz parken.

Parken: Veldenz, Hollandstraße
N49° 53' 23.7'' • E7° 01' 24.2''
Veldenz, Ortsrand an der K 88
N49° 53' 31.6''
E7° 01' 09.5''

scan to go®

Wegpunkte:

P1 Ortsmitte Veldenz
32 U 358033 5528223

P2 Gräfin-Anna-Platz
32 U 358881 5528069

P3 Schau ins Land
32 U 359238 5528449

P4 Hütte Lorenzmühle
32 360547 5527279

P5 Thielenmühle
32 U 361149 5527138

P6 Heidenmauer
32 U 360186 5526938

P7 Rittersturz
32 U 358507 5527592

P8 Pionierfelsen
32 U 358213 5527644

P9 Josephinenhöhe
32 U 358140 5527586

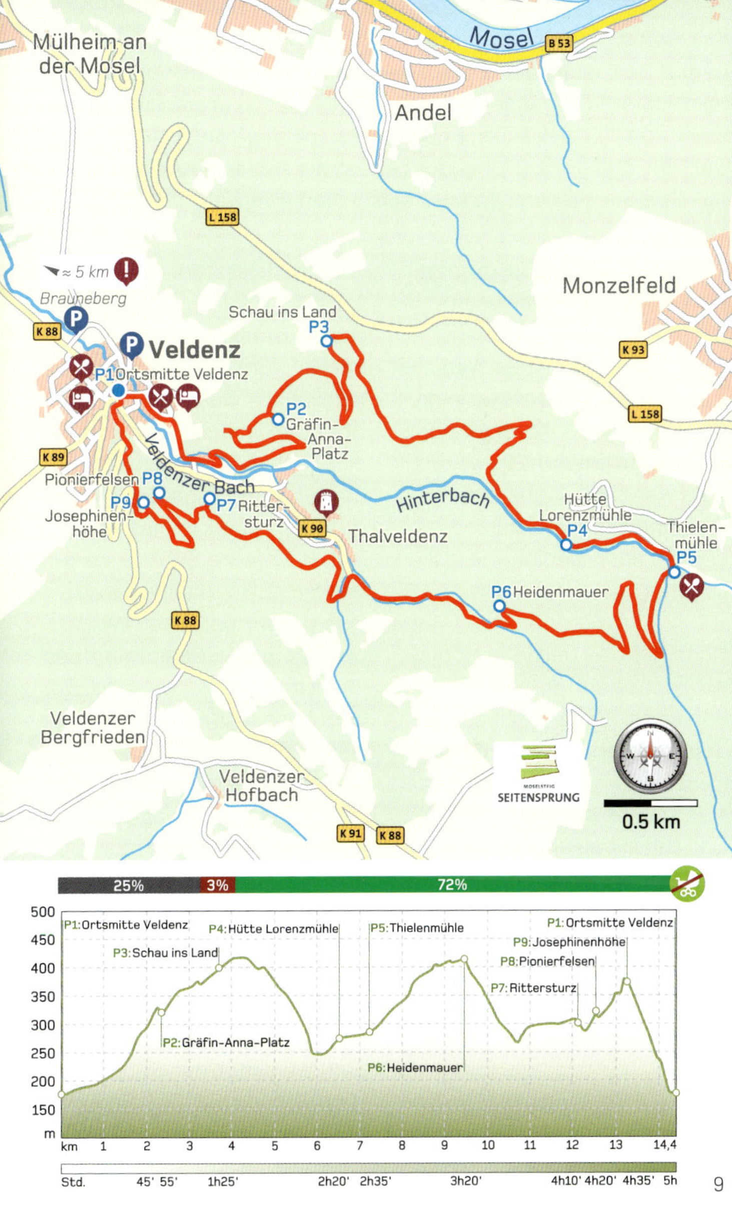

Mülheim an der Mosel
Mosel
B 53
Andel
L 158
Monzelfeld
≈ 5 km
Brauneberg
K 88
Veldenz
Schau ins Land
P3
K 93
P1 Ortsmitte Veldenz
P2 Gräfin-Anna-Platz
L 158
K 89
Veldenzer Bach
Hinterbach
Pionierfelsen P8
P9
P7 Rittersturz
Josephinenhöhe
Hütte Lorenzmühle
P4
Thielenmühle
P5
K 90
Thalveldenz
P6 Heidenmauer
K 88
Veldenzer Bergfrieden
Veldenzer Hofbach
MOSELSTEIG SEITENSPRUNG
0.5 km
K 91
K 88
25%
3%
72%
500
450
400
350
300
250
200
150
m
P1: Ortsmitte Veldenz
P3: Schau ins Land
P4: Hütte Lorenzmühle
P5: Thielenmühle
P1: Ortsmitte Veldenz
P9: Josephinenhöhe
P8: Pionierfelsen
P7: Rittersturz
P2: Gräfin-Anna-Platz
P6: Heidenmauer
km 1 2 3 4 5 6 7 8 9 10 11 12 13 14,4
Std. 45' 55' 1h25' 2h20' 2h35' 3h20' 4h10' 4h20' 4h35' 5h

Der Seitensprung auf den Spuren von Graf Georg Johannes begeistert nicht nur mit tollen Ausblicken, sondern auch mit herrlichen Pfadpassagen. Mal geht es durch urigen Niederwald, mal zu markanten Felsen oder entlang von idyllischen Bächen. Kulturelle Höhepunkte sind die immer neuen Blicke auf Schloss Veldenz und der keltischen Ringwall.

Mitten in Veldenz beginnt am Portal (1) beim Münzbrunnen die Rundtour auf dem Graf Georg Johannes Weg. Aufgrund des Reliefs ist eine Wanderung im Uhrzeigersinn unbedingt empfehlenswert. Also wenden wir uns der Weingartenstraße zu und queren nach wenigen Schritten den Veldenzer Bach.

Noch geht es geradeaus, bis wir rechts auf „In der Olk" abbiegen. Zügig erreichen wir den Ortsrand, passieren die Pension Zur Mühle und wechseln rechts auf einen Feldweg. Der führt uns am Waldrand nach Veldenzhammer, wo wir weiter geradeaus wandern und einen ersten Blick auf die hoch von einem Felssporn grüßende Burgruine erhaschen.

Nach **0.6 km** biegen wir links in den Wald ab, und unmittelbar vor einem letzten umzäunten Areal schicken uns die Logos rechts pfadig durch das Portal „Zum Hinterbachtal" in den lichten Wald. Mit sanfter Steigung wandern wir durch den Laubwald, rechts unterhalb strömt träge das Wasser im Mühlgraben. Immer wieder lenken kleinere Schieferfelsen unsere Aufmerksamkeit auf sich. Als wir auf einen Waldweg stoßen, verlassen wir den Mühlweg und biegen scharf links bergan. Pfadig geht es weiter aufwärts, und wir erfreuen uns am abwechslungsreichen Waldbild. Nach deutlichem Höhengewinn mündet unser Pfad auf einen fast eben verlaufenden Waldweg, dem wir nach links folgen.

Nach **1.9 km** lockt ein erster kurzer Abstecher: Links neben dem Weg ragt der Runde Hammerfels auf, und flugs erobern wir die luftige Klippe.

Von oben genießen wir den Blick aufs Veldenztal und den Ort sowie Richtung Mosel. Zurück auf dem Hauptweg dauert es nicht lange, bis der nächste lohnende Abstecher ruft. Diesmal ist es der Lange Hammerfels, der uns nach kurzem Treppenaufstieg tolle Ausblicke ins Tal und zur Burg eröffnet. Auch eine Bank steht am Fuß des Felsens zur Verschnaufpause bereit. Die sollten wir nutzen, denn der Seitensprung knickt nun rechts ab und fordert auf stramm ansteigendem Pfad unsere Kondition ein erstes Mal ernsthaft heraus.

In Serpentinen führt er uns durch den attraktiven Krüppeleichenwald, und wir freuen uns, als an einer Felsklippe die nächste Bank mit Burgblick zum Ausruhen einlädt. Erholt setzen wir die Tour fort und treffen in einer Kurve auf einen breiten Waldweg. Der senkt sich leicht ab und bringt uns nach **2.4 km** zum idyllischen Gräfin-Anna-Platz (2), wo Rastplatz und Sinnesbank mit Burgblick zum Verweilen bereitstehen.

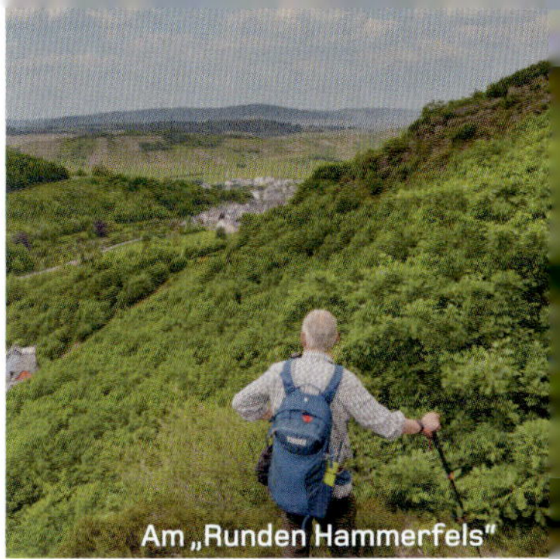
Am „Runden Hammerfels"

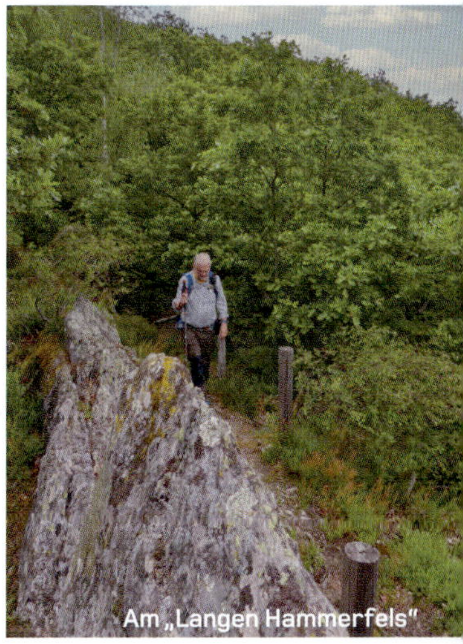
Am „Langen Hammerfels"

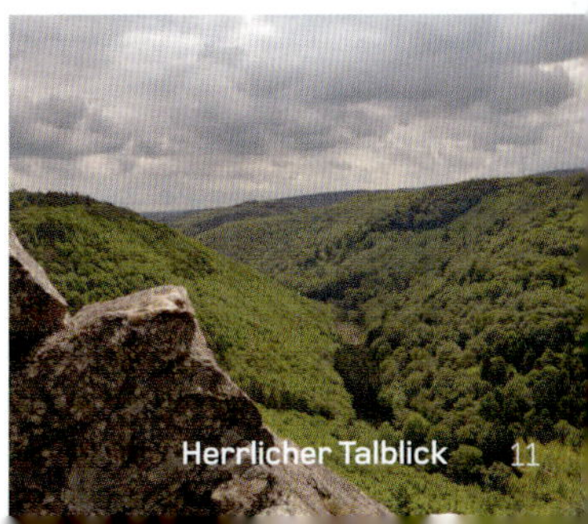
Herrlicher Talblick

An der Weggabelung halten wir uns links und wandern auf dem weiter ansteigenden Weg durch den hochgewachsenen Mischwald. Bald mischen sich duftende Nadelbäume unter die Buchen, und voraus erspähen wir die nächsten schroffen Felsen.

Wenig später steigen wir dem Dachslayfelsen zumindest auf die Flanke, genießen von der Bank einmal mehr den freien Talblick und bewundern die teils bizarren Felsstrukturen. Vom Felssattel aus senkt sich der Pfad leicht ab und trifft wenig später auf einen Waldweg. Dem vertrauen wir uns nach rechts an und gewinnen wieder an Höhe.

Die Douglasien werden wieder vom Laubwald verdrängt, und nach **3.7 km** verlassen wir am Rastplatz „Schau ins Land“ **(3)** den Wald. Vor uns breiten sich wogende Wiesen aus und geben einen herrlichen Panoramablick übers Moseltal und (bei klarem Wetter) bis zu den Kuppen der Vulkaneifel frei. Der Platz ist wie geschaffen für ein Picknick im Grünen.

Mit frischen Kräften setzen wir die Tour fort und biegen am nahen Wegweiser rechts zurück unters Blätterdach des Waldes. Einige Richtungswechsel überstehen wir dank perfekter Markierung problemlos und genießen das unbeschwerte Waldwandern ohne nennenswerte Höhendifferenz. Im Frühsommer sorgen leuchtend gelbe Ginster für tolle Farbkontraste im vielschichtigen Grün des artenreichen Waldes.

Nach **4.4 km** dürfen wir den breiten Weg verlassen und geradeaus auf einem Pfad weiterlaufen. Kurz geht es abwärts, dann finden wir uns in einer steilen Hangflanke wieder, durch die unser Pfad hangparallel führt.

Wir genießen die stimmige Mischung aus seltenen Moosen, niedrigen Heidelbeerbüschen, flechtenübersäten Felsen und fast krüppeligem Eichenniederwald, die dieser Wegpassage ein besonderes Flair verleiht. Momentaner Höhepunkt dieses Szenarios ist ein kleines Felsentörchen

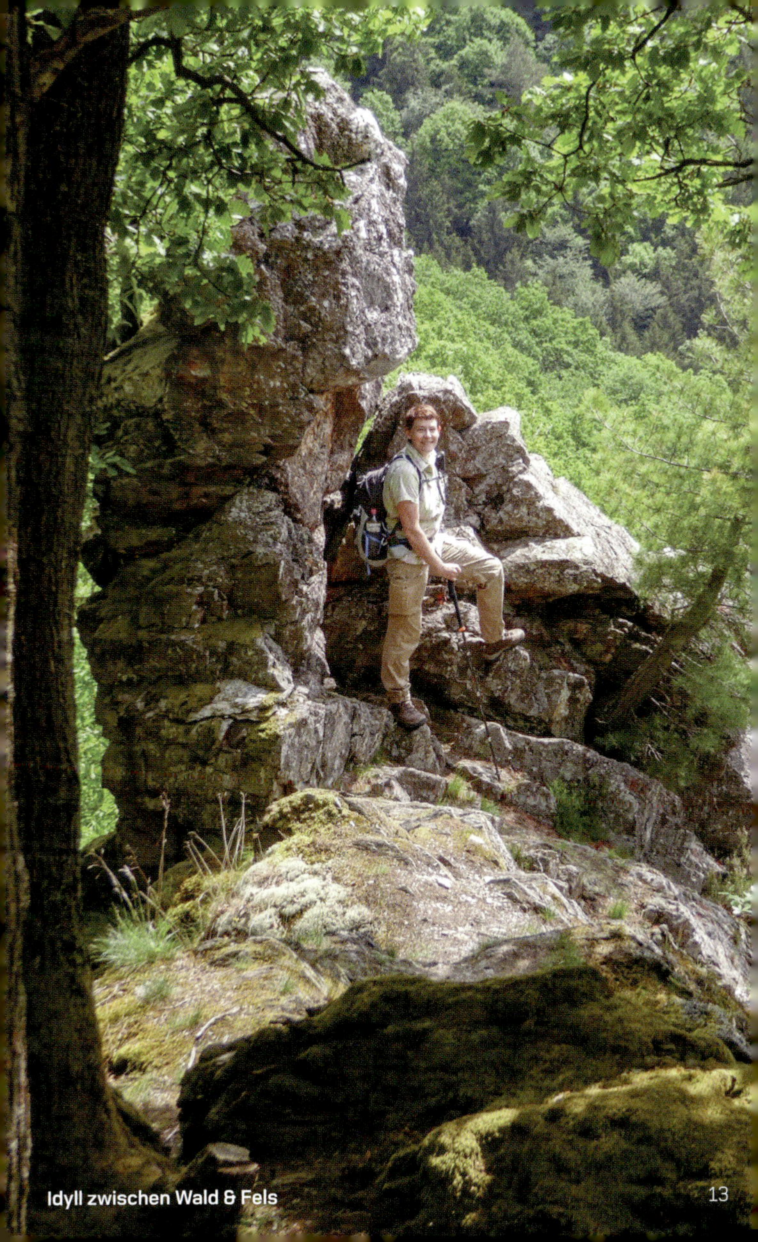
Idyll zwischen Wald & Fels

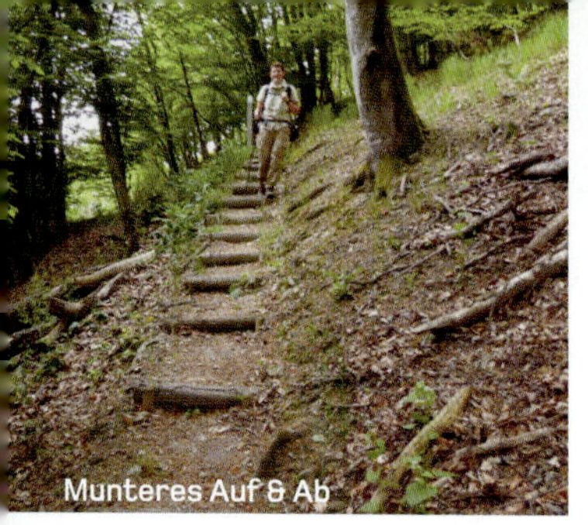
Munteres Auf & Ab

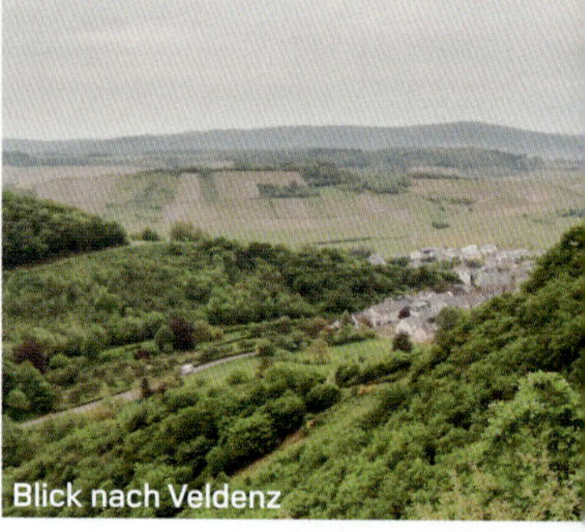
Blick nach Veldenz

über das sich unser Pfad schwingt, um danach zu einer markanten Felsnase zu führen, die wir natürlich sogleich erobern. Aus luftiger Höhe erspähen wir tief unten im Tal den Hinterbach, zu dem wir bald absteigen werden.

Viel zu bald endet diese grandiose Pfadpassage, als wir auf einen breiten Waldweg treffen und mit diesem geradeaus sanft talwärts wandern. Unmittelbar vor einem Seitenbach knickt der Seitensprung scharf rechts auf einen schmalen Waldweg ab, der neben dem tief eingeschnittenen Tal deutlich an Höhe verliert.

Wir wandern über Serpentinen bergab, bis wir nach **5.9 km** kurz vor dem Hinterbachtal an einer Bank die nächste wohlverdiente Pause direkt am plätschernden Nass einlegen.

Im Anschluss queren wir den Seitenbach und wandern nun entlang des Hinterbaches nach links. Wir queren einen Forstweg und erreichen durch ein Fichtenareal den Hinterbach. Dem folgen wir nun talaufwärts und freuen uns am rauschenden Wasser, das teilweise in Minikaskaden zu Tal strömt.

Das quirlige Wasser lenkt auch vom Kahlschlag ab, den wir zügig durchqueren. Dann stehen wir an einem Steg, der uns erstmals über den Bach führt. Üppiges Grün umgibt unseren Pfad und sorgt für Hochstimmung. Perfekt wird

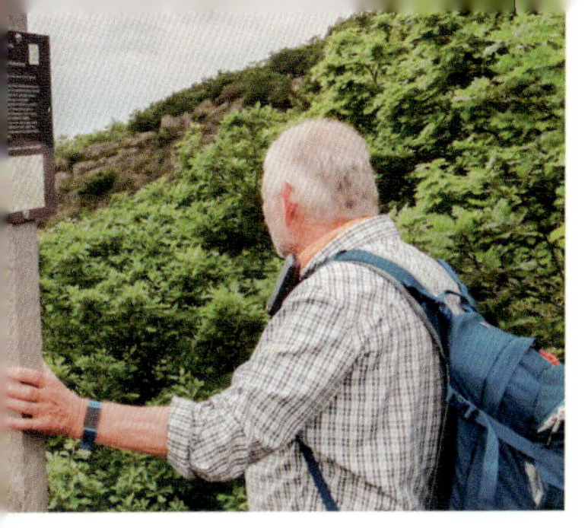

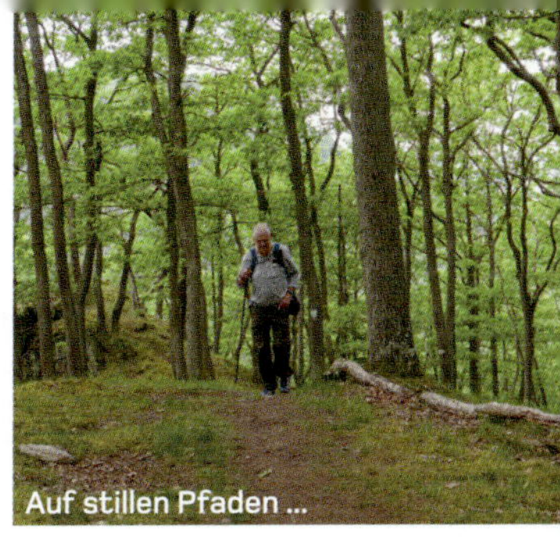

Auf stillen Pfaden ...

die Idylle nach **6.6 km**, als wir mit einem 2. Steg wieder ans andere Ufer wechseln und an der Schutzhütte nahe der Lorenzmühle (4) eine weitere ausgezeichnete Picknickgelegenheit vorfinden.

Es fällt schwer, uns von diesem herrlichen Ort zu trennen, doch wir wenden uns am Wegweiser nach rechts und folgen dem federnden Waldpfad weiter bachaufwärts. Die im Dornröschenschlaf liegende Lorenzmühle lassen wir rechts liegen und dringen immer weiter ins Tal vor. Schließlich mündet unser Weg auf den breiten Forstweg und bringt uns zu einer Kreuzung.

Hier halten wir uns rechts, queren den Bach zum dritten Mal und stehen nach **7.3 km** an der Thielenmühle (5), wo die nette Wirtin durstige Wanderer mit warmen und kalten Getränken versorgt und so nach halber Strecke neue Kräfte weckt.

Und die können wir gut brauchen, denn ab jetzt geht es mal wieder aufwärts. Von der Thielenmühle aus folgen wir dem bequemen Weg durchs Wellersbachtal bergan. Bald schicken uns die Logos mit einer Rechtskehre weg vom Bach weiter hinauf in den Wald.

Wieder ein Stück höher dürfen wir links auf einen Waldweg abbiegen, der uns weiter ansteigend durch herrlichen Hallenwald führt. An der nächsten Kreuzung (mit Bank) halten wir uns links und laufen

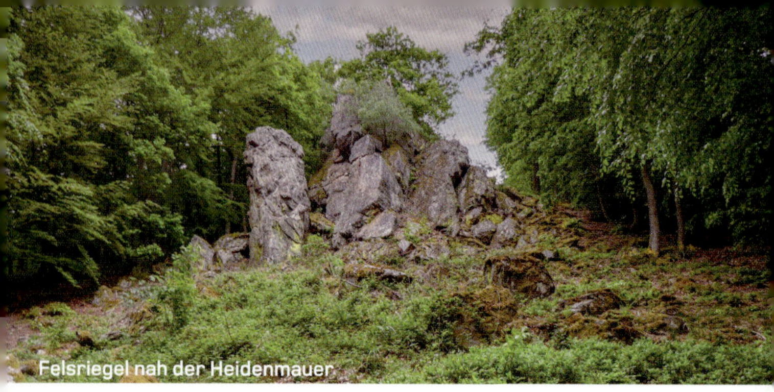
Felsriegel nah der Heidenmauer

bis zu einem Querweg, wo wir uns nach rechts bergan wenden. Wenig später stehen wir nach **8.8 km** am Rastplatz Glaswald. An der Kreuzung weist der Wegweiser nach rechts auf einen Forstweg.

Doch nur 100 m später steht die nächste Richtungsänderung an, denn wir dürfen links einen Pfad durch den fast schon majestätischen Buchenhallenwald nutzen. Rasch wandelt sich das Waldbild, und nun wandern wir durch einen grünen Tunnel, denn eng rücken die Jungbuchen an unseren Pfad heran.

Als der Pfad endet, wandern wir rechts weiter und behalten auch an der folgenden Kreuzung die Richtung bei.

Fast unvermittelt öffnet sich nach **9.5 km** der Wald, und ein Riegel grauer, bemooster Felsen erregt unsere Aufmerksamkeit: Während rechts die Felsklippe anstehend ist, handelt es sich beim anschließenden Felsriegel um Menschenwerk. Wir stehen an den Relikten der Heidenmauer **(6)**, einem keltischen Ringwall, den der keltische Stamm der Treverer als Fliehburg errichtet hat.

Beeindruckt lassen wir den Blick über die Relikte schweifen und folgen links dem Pfad neben dem Wall abwärts zu einem Querweg. Der führt uns am Fuß des Walls nach links, bevor wir rechts den Abstieg per Pfad fortsetzen. Er endet im Kalmbachtal, und wir folgen

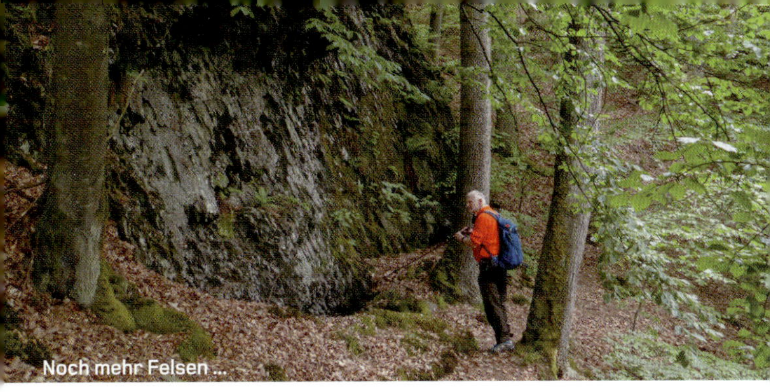
Noch mehr Felsen ...

rechts dem Talweg. Noch einmal können wir nun von unten die Felsen am Fuß des Ringwall bewundern, sollten aber die Wegführung nicht vernachlässigen, denn die Logos schicken uns neben einer Bank nach links abwärts.

Mit Seilsicherung queren wir an einer Furt den Kalmbach und betreten endgültig die Zauberwelt des idyllischen Kalmbachtales.

Besonders vom Rastplatz Kalmbachtal können wir nach **9.9 km** die Atmosphäre des Tales auf uns wirken lassen: Üppig begrünt mit Erlen und Eschen, lässt sich der Bachlauf erahnen, denn nur leise murmelt das Wasser. Auf der Waldseite des Tales hinter uns sind es wiederum schroffe Felsen, deren gefaltete Strukturen himmelwärts streben. Ab und an zeugen alte Stollenmünder vom längst aufgegebenen Bergbau, der hier nicht nur dem schwarzen Schiefergold galt, sondern auch der Erzgewinnung diente, wie wir später noch lernen werden.

Im weiteren Verlauf queren wir ein Seitental und stoßen, nahe einem kleinen Fischteich auf einen breiten Forstweg. Den queren wir mit leichtem Rechts-links-Versatz und genießen noch einmal das Pfadwandern neben dem quirligen Nass. Nach **10.5 km** endet dieses Vergnügen allerdings, denn dann mündet der Pfad nach einem Steg auf einen Forstweg, dem wir links weiterfolgen.

Nur wenig später treffen wir an der Kapelle von Thalveldenz ein. Hier biegt rechts ein steiler Fußweg hinauf zur Burgruine ab. Wir aber wenden uns links dem Römersbach zu und laufen zum nahen Wasserhaus. Das lassen wir zunächst rechts liegen, biegen aber danach rechts ab. Im Bogen gelangen wir wieder in die Hangflanke oberhalb des Kalmbaches und wandern nun fast unmerklich ansteigend Richtung Veldenz.

Bald dürfen wir den befestigten Forstweg gegen einen Waldweg eintauschen, und nach **11.7 km** lohnt sich an einer Bank mitten im Wald der Blick über die Schulter zurück: Durch ein Waldfenster grüßt die Burgruine. Neben dem kurzweiligen Wald sorgen auch immer wieder Felsen für Abwechslung, und bald verengt sich der Seitensprung zum schmalen Pfad. Der führt uns zum mächtigen Felsmassiv des Rittersturzes **(7)**, von dem wir wieder einen tollen Blick zur Burg genießen können.

Besonders eindrucksvoll ist das Burg-Panorama, wenn man nach Durchschreiten des Felstores vom Wegweiser aus den 50-m-Abstecher an die Hangkante macht. Trittsicherheit und Schwindelfreiheit sollte man dazu allerdings mitbringen.

Beeindruckt von der luftigen Aussicht, setzen wir die Tour fort. Und noch einmal überrascht uns der Seitensprung, denn nun dringen wir tief ins schummrige Grün des Waldes ein, während rechts neben uns eine tiefe Schlucht gähnt. Ein unscheinbarer Seitenbach ist dafür verantwortlich, den wir wenig später mit Seilsicherung queren. Weiter gewinnen wir pfadig an Höhe und treffen nach **12.5 km** auf einen Querweg. Hier weist neben einer Bank ein Wegweiser nach links. Allerdings sollte man sich zuvor den Abstecher zum nahen Pionierfelsen **(8)** nicht entgehen lassen. Der ragt nur 50 m weiter rechts empor und bietet nach kur-

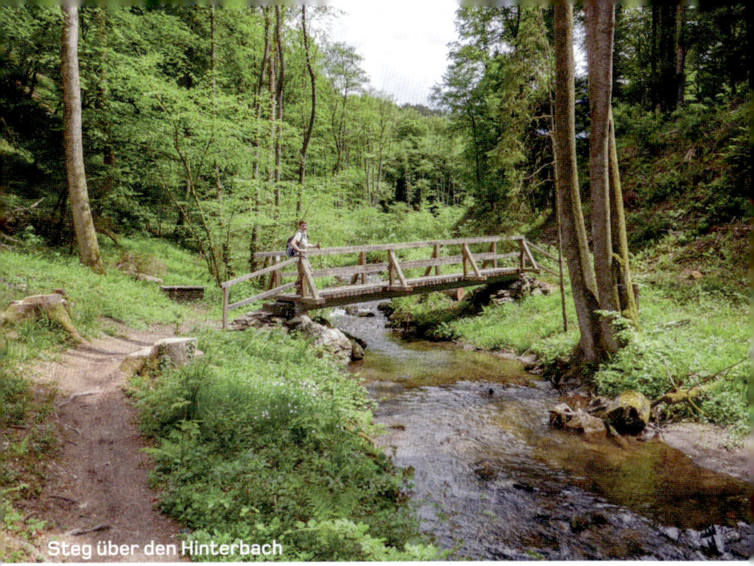

Steg über den Hinterbach

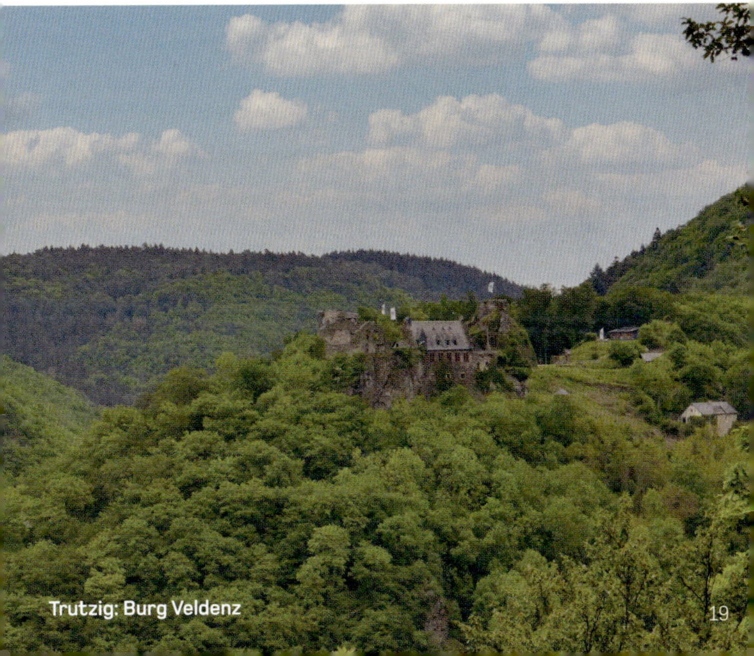

Trutzig: Burg Veldenz

zem Anstieg einen weiteren atemberaubenden Ausblick, diesmal nicht nur zur Burg, sondern auch zum Moseltal. Trittsicherheit und Schwindelfreiheit sind allerdings auch diesmal Voraussetzung, um die Aussicht genießen zu können.

Zurück am Wegweiser folgen wir dem Hauptweg nun zunächst gemächlich bergan. Wir passieren einen alten Schieferaufschluss und erreichen den Abzweig eines Pfades. Der bringt uns zum einladenden Förster-Schüler-Platz, wo neben Bänken eine Tafel die Bergbaugeschichte der Region erläutert. Wir wandern weiter auf dem Pfad und gelangen nach **13.1 km** zu einer Sinnesbank, die einen wahren Logenblick zur Burg ermöglicht.

Noch einmal sammeln wir Kraft und setzen zum Endspurt an. Der Pfad trifft wenig oberhalb auf einen Waldweg, und der führt uns zu einem letzten grandiosen Höhepunkt: der Josephinenhöhe **(9)**. Was für eine Aussicht! Wir

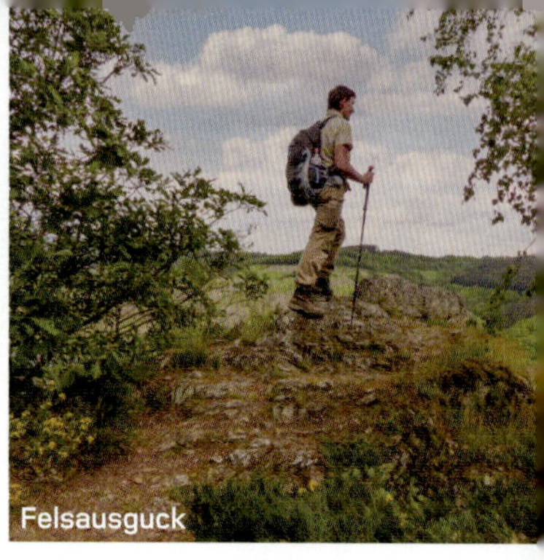
Felsausguck

können wahlweise im Stehen oder von einer der Bänke oder von der XL-Sinnesbank den Blick über das Moseltal schweifen lassen, am Horizont die Kegelberge der Eifel ausmachen und im Vordergrund Veldenz wie in einer Spielzeuglandschaft auf uns wirken lassen.

! Auch fürs leibliche Wohl ist gesorgt, denn findige Winzer haben hier einen kleinen Weintabernakel aufgestellt, aus dem man gegen einen Obolus labenden Rebensaft bekommt. Genial ...

Nach ausgiebigem Genuss der Aussicht beginnen wir den Endabstieg nach Veldenz. In engen Serpentinen stürzt sich der Seitensprung

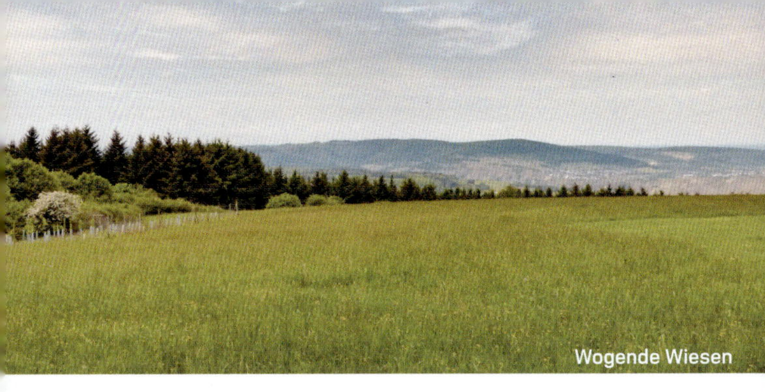
Wogende Wiesen

talwärts, und mal wieder sind Stöcke sehr hilfreich.

Etliche Höhenmeter tiefer treffen wir nahe einer Kehre der Straße auf eine Bank, an der in einem Kasten das Gästebuch des Seitensprungs ausliegt. Einträge frischer Wandereindrücke, von Lob und Tadel sind ausdrücklich erwünscht. Mit einem kleinen Bogen erreichen wir einen Wirtschaftsweg, wenden uns nach links und passieren einen Rastplatz. Ein weicher Grasweg führt uns an den Rand von Veldenz, wo wir auf einen Treppenweg abbiegen. Nach dem Abstieg dürfen wir den letzten Knick nach rechts nicht übersehen.

Wir steigen zur evangelischen Kirche ab und treffen auf die Münzstraße. Die bringt uns links zur Hauptstraße, an der wir rechts abbiegen und nach **14.4 km** wieder den Münzbrunnen an der Villa Romana (1) erreichen, wo sich der Kreis dieser sehr abwechslungsreichen und herausfordernden Tour schließt.

FAZIT

Der Weg verlangt gute Kondition und Trittsicherheit. Wanderstöcke und feste Wanderstiefel sind wichtig. Auf halber Strecke bietet die Thielenmühle Getränkeversorgung.

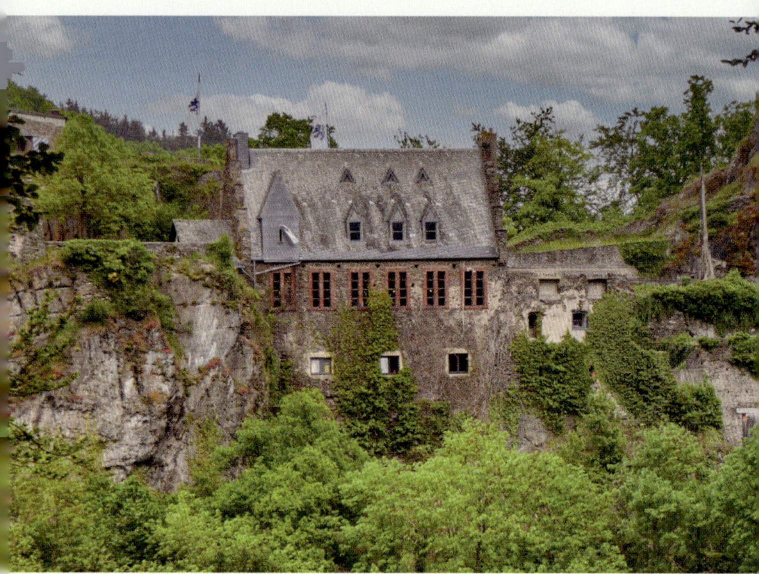

Wasa und Wittelsbach

Der Stammbaum der Grafen von Veldenz reicht bis ins 12. Jahrhundert zurück. Der Namensgeber des Seitensprungs, Graf Georg Johannes, lebte von 1543 bis 1592 und gehörte zum Familienzweig Pfalz-Veldenz. Er war einer der wichtigen Vertreter seiner Familie, nicht zuletzt weil er 1562 mit der Heirat von Anna Maria, der Tochter des schwedischen Königs Gustav I. eine wichtige politische Verbindung zwischen den Familien Wasa und Wittelsbach knüpfte. Schloss Veldenz war nicht nur ein wichtiger Sitz der Familie Veldenz, sondern zugleich auch die größte Burg an der Mittelmosel. Obwohl die Burganlage 1681 unter den Zerstörungen der Truppen Ludwig XIV. arg gelitten hat, präsentiert sie sich noch heute als eindrucksvolle und mächtige Anlage. Beim, nur mit einer Führung möglichen, Rundgang durch das alte Gemäuer begeistert eine rekonstruierte funktionsfähige Steinschleuder. www.schlossveldenz.com

Mosellandtouristik GmbH, Kordelweg 1, 54470 Bernkastel-Kues, 06531-9733-0, www.mosellandtouristik.de
▪ Wein- und Ferienregion Bernkastel-Kues, Gestade 6, 54470 Bernkastel-Kues, 06531-500190, www.bernkastel.de
▪ Verkehrsamt Veldenz, Hauptstraße 25, 54472 Veldenz, 06534/1203, www.veldenz-mosel.de

Pension & Café Zur Mühle, Auf der Olk 7, 54472 Veldenz, 06543/8734, www.zur-muehle-veldenz.de
▪ Gasthof Zur Grafschaft, Hauptstraße 27, 54472 Veldenz, 06543/9497447, www.gasthof-zur-grafschaft-veldenz.de
▪ Thielenmühle, Hinterbach 257, 54472 Monzelfeld, 06531/972833, nur Getränke.
▪ Restaurant Rittersturz, Veldenzer Hammer 1, 54472 Veldenz, 06534/18292, www.rendezvousmitgenuss.de

Weinhotel & Restaurant Platz, Hollandstraße 12, 54472 Veldenz, 06543/244, www.weinhotel-platz.de
▪ Landgasthof Bottler, Hauptstraße 29, 54472 Veldenz, 06543/282, www.landgasthof-bottler.de

Anfahrt mit dem ÖPNV nach Veldenz ist schwierig. Mo. bis Fr. kann man die Buslinie 333 (Neumagen-Bernkastel) nutzen. www.vrt.info

Taxi Edringer, Burgstraße 51, 54470 Bernkastel-Kues, 06531/8149
▪ Taxi Priwitzer, Cusanusstraße 37, 54470 Bernkastel-Kues, 06531/96970, www.taxi-priwitzer.de

In Brauneberg kann man einem der ältesten Sakralbauten an der Mosel einen Besuch abstatten: dem Franziskanerkloster aus dem 15. Jahrhundert. Noch älter ist der zum Glockenturm umfunktionierte Andreasturm aus dem 11. Jahrhundert, der in die Anlage integriert wurde. Heute ist das **Kloster St. Josef** geweiht und beherbergt auch das Heimatmuseum des Ortes. www.brauneberg.de

Hunde mit guter Kondition können die Tour problemlos absolvieren. Unterwegs gelangen sie an einigen Bächen an fließendes Wasser.

2 Kirchspiel Tälertour

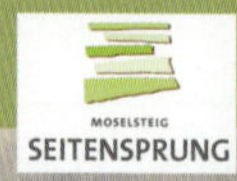

Himmlische Aussichten

13	4h	299	483	893 1048	
km		↑ ↓	▲	♀ ♂	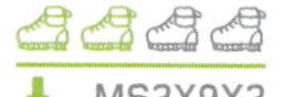 MS2X9X2

Start/Ziel: Kleinich, Ortsstraße/In der Neuwies

Anfahrt: B 50 bis Abzweig Kleinich, K 126 nach Thalkleinich und Kleinich. Parken am Portal beim Feuerwehrhaus. Alternativ am Portal in Pilmeroth.

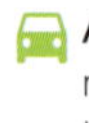

Parken: Kleinich, Feuerwehrhaus
N49° 53' 29.1'' • E7° 11' 04.8''
Pilmeroth, Portal
N49° 53' 53.0''
E7° 09' 05.6''

scan to go®

Wegpunkte:

P1 Portal Kleinich
32 U 369611 5528138
P2 Sinnesbank
32 U 368167 5528275
P3 Emmeroth
32 U 367924 5528328
P4 Rotzekopp Hütte
32 U 367472 5528898
P5 Portal Pilmeroth
32 U 367251 5528933
P6 Bilstein
32 U 366706 5528270
P7 Rastplatz
32 U 366369 5529556
P8 Felsentor
32 U 367729 5529439
P9 Naturkräutergarten
32 U 368740 5529346

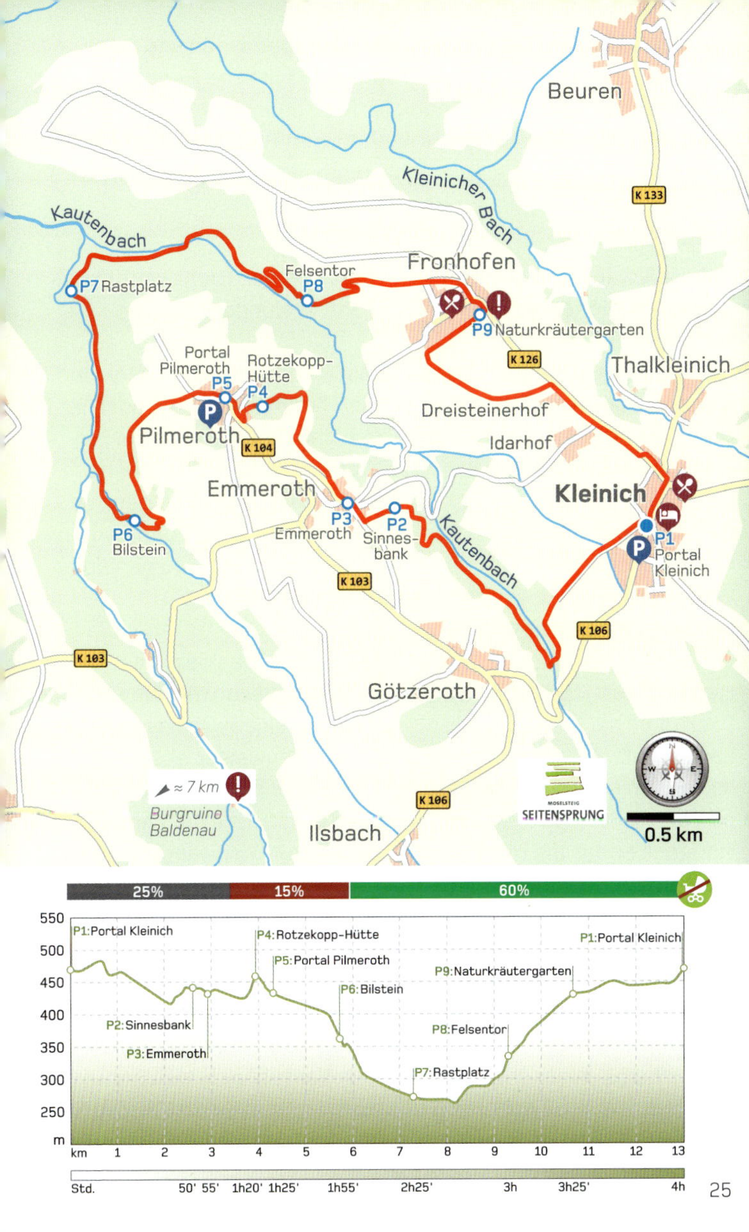
Beuren
Kleinicher Bach
K 133
Kautenbach
Fronhofen
Felsentor
P8
P7 Rastplatz
P9 Naturkräutergarten
K 126
Thalkleinich
Portal
Pilmeroth
P5
Rotzekopp-
Hütte
P4
Dreisteinerhof
Pilmeroth
K 104
Idarhof
Kleinich
Emmeroth
P3
Emmeroth
P2
Sinnes-
bank
Kautenbach
P1
Portal
Kleinich
P6
Bilstein
K 103
K 106
K 103
Götzeroth
≈ 7 km
Burgruine
Baldenau
K 106
Ilsbach
MOSELSTEIG
SEITENSPRUNG
0.5 km
25%
15%
60%
550
500
450
400
350
300
250
m
P1:Portal Kleinich
P4:Rotzekopp-Hütte
P5:Portal Pilmeroth
P6:Bilstein
P2:Sinnesbank
P3:Emmeroth
P7:Rastplatz
P8:Felsentor
P9:Naturkräutergarten
P1:Portal Kleinich
km 1 2 3 4 5 6 7 8 9 10 11 12 13
Std. 50' 55' 1h20' 1h25' 1h55' 2h25' 3h 3h25' 4h

Herrliche Weitsichten, unberührte Waldpassagen und rauschende Wasser, dazu urige Pfade und idyllische Rastplätze und tolle Einblicke in die Geologie des Hunsrücks, das alles bietet die Natur auf dieser sehr vielfältigen Rundtour. Und auch kulturell ist die Runde spannend, denn gleich vier Gemeinden des Kirchspiels liegen auf der Route.

Am südlichen Ortsrand von Kleinich beginnen wir am Portal beim Feuerwehrhaus (1) die Rundwanderung auf dem Seitensprung Kirchspiel Tälertour. Da wir im Uhrzeigersinn wandern wollen, kehren wir dem Ort sogleich den Rücken zu und folgen dem asphaltierten Wirtschaftsweg durch Wiesen und Felder sanft bergan nach Südwesten.

Herrlich weit können wir den Blick über die sanft gewellte Landschaft Richtung Moseltal schweifen lassen und erkennen bei klarem Wetter am Horizont sogar die markanten Kuppen der Vulkaneifel.

Am Waldrand endet der harte Belag, und zu unserer Freude erwartet uns neben dem originellen Seitensprung-Schild eine urbequem geschwungene Sinnesbank. Obwohl noch ausgeruht, nehmen wir Platz, denn die Fernsicht will gebührend bewundert werden.

Wir wandern weiter, genießen den federnden Grasboden und meistern den ersten kurzen Abstieg. Kurz folgen wir noch dem Waldrand, dann geht es pfadig und mit einigen Stufen in den von Nadelbäumen dominierten Wald.

Ein erstes Bächlein wird gequert, bevor wir nach **1 km** an einem Querweg auf einen Wegweiser stoßen. Der schickt uns rechts weiter, und bald frönen wir dem entspannten Waldwandern.

Idyllisch wölben sich die biegsamen Zweige der Haselnuss über den Weg und sorgen im Sommer für schummrige Atmosphäre. Rechts plätschert der Kautenbach, welcher uns später noch einmal begleiten wird.

An einer Weggabelung halten wir uns links und folgen kurz einem Nebenbach. Doch schon bald dürfen wir rechts auf einen Pfad wechseln und gelangen per Steg über das meist nur unscheinbare Rinnsal.

Danach schwenkt der Weg nach rechts und führt unter duftenden Nadelbäumen an den Rand eines alten Windbruchs. Hier steigen wir links bergan zum Waldrand, wo sich ein herrlicher Blick über die Felder und Wiesen öffnet. Im Fokus liegt bald Emmeroth, dem wir uns nun auf grasigem Feldweg nähern.

Bevor wir aber dort eintreffen, verführt uns eine perfekt positionierte Sinnesbank (2) nach **2.6 km** zum gemütlichen Verweilen und Ausschauhalten. Wir laufen weiter zum nahen Ortsrand, biegen rechts ab und passieren wenig später den einladenden Rastplatz in der Ortsmitte von Emmeroth (3) sowie eine informative Tafel, die uns das Phänomen der Hausnamen im Hunsrück erläutert. Rasch treffen wir am Ortsrand ein

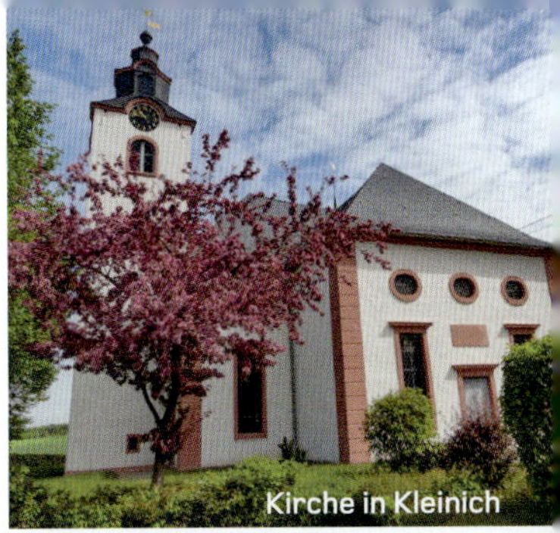

Kirche in Kleinich

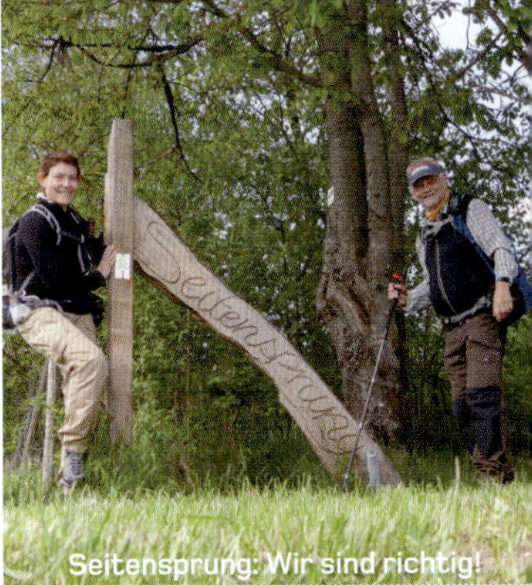

Seitensprung: Wir sind richtig!

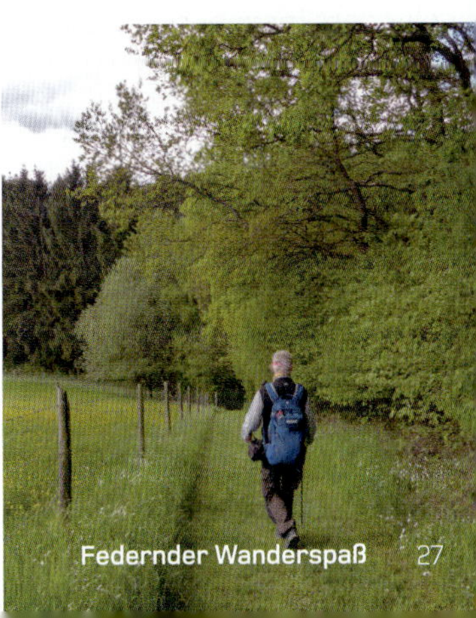

Federnder Wanderspaß

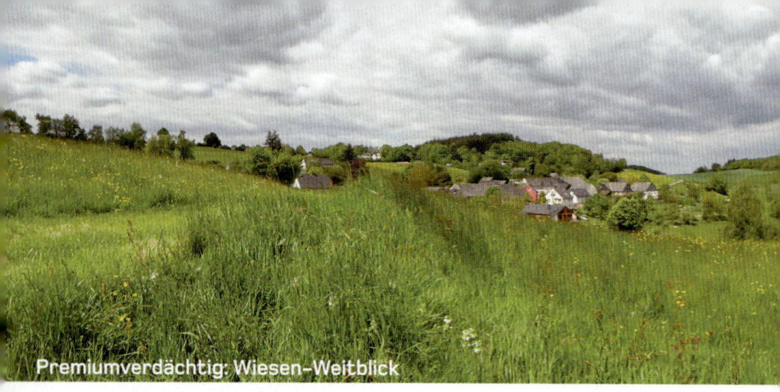
Premiumverdächtig: Wiesen-Weitblick

und nutzen einen Grasweg nach rechts, um vorbei an knorrigen Streuobstbäumen, Hecken und Wiesen wieder der unberührten Natur auf die Spur zu kommen.

Nach **3.7 km** erreichen wir den nächsten Waldabschnitt, und sogleich schickt uns ein Wegweiser scharf links auf einem Pfad bergan. In dichtem Junggehölz erobern wir den Rotzekopp. Nach dem deutlichen Höhengewinn flacht der Pfad ab und bringt uns auf eine Waldlichtung: Hier lädt die Grillhütte auf dem Rotzekopp (4) zur Rast im Grünen ein.

Mit frischen Kräften setzen wir die Tour fort. Sanft geht es abwärts, und nach dem ersten Haus treffen wir auf einen Zufahrtsweg. Der bringt uns links zur nahen Straße, der wir rechts, vorbei an der historischen Viehwaage, in die Ortsmitte von Pilmeroth folgen, wo es nach **4.3 km** ein weiteres Startportal (5) und einige wenige Parkplätze gibt.

Auch diesen kleinen Ort durchqueren wir zügig und lassen uns am Ortsende links von einem grasigen Feldweg wieder in die offene Flur führen. An einer weiteren Sinnesbank lassen wir mal wieder die großartige Aussicht auf uns wirken, bevor es wenige Meter später an einem Wegweiser nach links geht. Bald rücken Hecken an den Weg, der uns schließlich in lichten Laubmischwald bringt. Herrlich streben himmelhohe Buchen

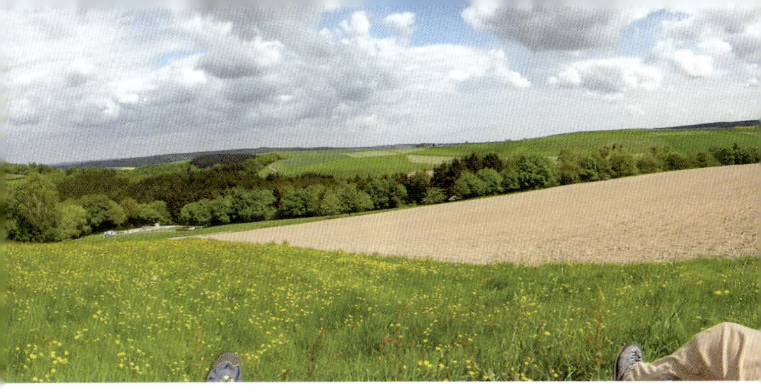

gen Himmel und spenden mit ihren ausladenden Kronen Schatten, während wir Schritt für Schritt dem Ilsbachtal zustreben. Dann erfasst unser Blick rechts unterhalb einen Felsen: Viel ist von hier noch nicht zu sehen, doch unsere Neugier ist geweckt.

Nur gut, dass der Seitensprung uns nicht lange auf die Folter spannt und wir bald rechts auf einen Pfad abbiegen, der uns mit einigen Schlenkern nah an den Ilsbach bringt. Und dann ist es so weit: Nach **5.8 km** stehen wir am Fuß des nun hoch aufragenden und mächtigen Bilsteins **(6)**. Schroff erhebt sich der harte Quarzitstock in den Himmel und trotzt seit Jahrmillionen den Elementen.

Beeindruckt setzen wir die Wanderung fort, und schon bald ist es das Wasser, das unsere Sinne fesselt, denn munter rauscht der Ilsbach neben unserem Weg talwärts, begeistert mit Wasserwirbeln und stürzt sich immer wieder über kleine Felsstufen.

Wir erreichen eine Kreuzung, wenden uns nach links und queren an einer Bank den Ilsbach. Kurz führt die Route nun bergan, doch schon bald dürfen wir rechts auf einen hangparallelen Pfad abbiegen. Nun ist etwas Trittsicherheit, in jedem Fall aber Aufmerksamkeit für den Pfad gefordert. Immer häufiger liegen schwarz schimmernde Steine auf dem Weg, und schließlich gewährt links neben dem Pfad

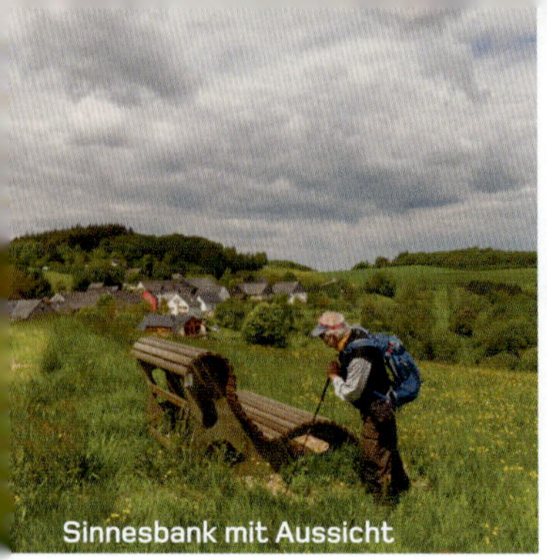
Sinnesbank mit Aussicht

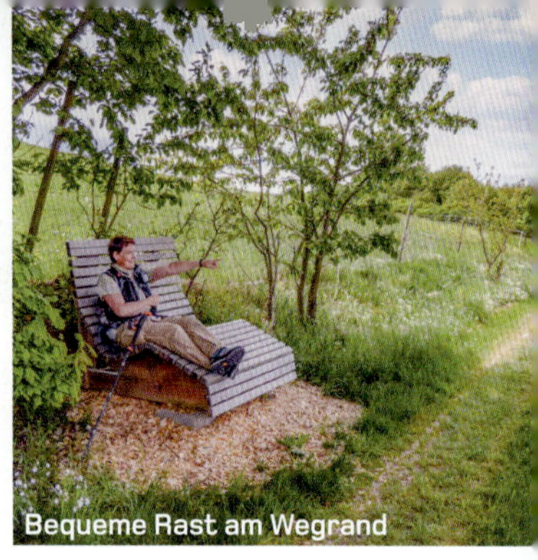
Bequeme Rast am Wegrand

ein alter Stollen Einblick in den Hunsrückschiefer, der früher an vielen Stellen bergmännisch gewonnen wurde und als Baumaterial diente.

Weiter führt der Pfad talwärts, und noch einmal kommen wir dem Ilsbach ganz nah, denn ein Steg bringt uns ans andere Ufer. Leider mündet unser idyllischer Pfad hier auf einen breiten Waldweg, dem wir links folgen. Doch noch einmal dürfen wir das Pfadwandern am Bach genießen, denn am Wegweiser Ilsbach weisen die Logos nach links, und erneut geht es pfadig neben dem quirligen Nass entlang.

Mittlerweile hat sich der Ilsbach mit dem Trabener Bach vereinigt, und wieder dauert es nur wenige Schritte, bis wir dem Zauber des stillen und ursprünglichen Tales erliegen. Wir passieren die verfallenen Fundamente eines alten Schieferhauses und gelangen nach **6.6 km** über einen kleinen Bogenaufstieg zu einem breiten Waldweg. Doch auch von diesem haben wir das Tal bestens im Blick, während wir durch den vielfältigen Wald wandern und weiter an Höhe verlieren.

An einem Knick erwartet uns ein idyllischer Rastplatz (7) mitten im Grünen, und gerne legen wir eine Verschnaufpause ein und lauschen ungestört den Geräuschen des Waldes. Beschwingt folgen wir anschließend dem Waldweg und

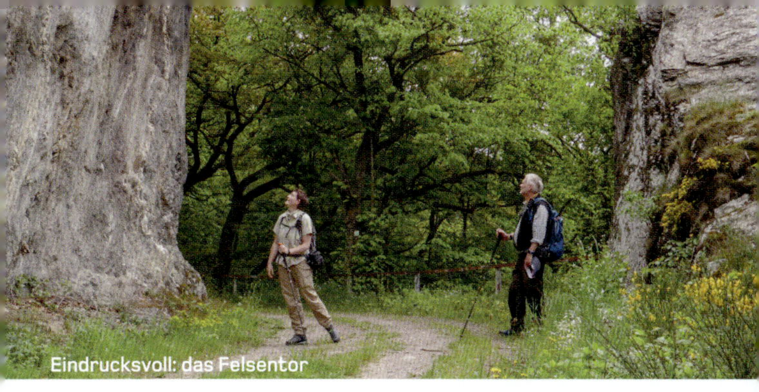
Eindrucksvoll: das Felsentor

erreichen nach **7.5 km** den schon vom Beginn der Tour bekannten Kautenbach. Hier schwenkt unser Seitensprung nach rechts und beginnt, zunächst fast unmerklich, den Rückanstieg aufs Plateau. Nachdem wir den Bach gequert haben, biegen wir rechts auf einen Pfad ab.

Sofort wird die Umgebung etwas wilder, und dicht rückt die Vegetation an den Weg. Der Pfad steigt an und trifft auf einen breiten Weg, die „Alte Landstraße", der wir nun ein Stück bergan folgen. Immer wieder erregen Felswände unsere Aufmerksamkeit, bis wir erneut rechts auf einen Pfad geschickt werden. Urig windet sich der Pfad durchs dichte Grün, und noch einmal dürfen wir direkt neben dem rauschenden Wasser talaufwärts laufen. An einer kunstvoll gemauerten Schieferbrücke treffen wir auf einen Forstweg und wenden uns scharf nach links bergan. In weiten Schleifen schrauben wir uns den Hang empor, immer wieder setzen Felsen markante Akzente.

Nach **9.2 km** dürfen wir an einer mächtigen Eiche und in einer weiteren Kurve des Weges geradeaus laufen. Ein Pfad führt uns steil in einigen Serpentinen bergan. So kürzen wir ein gutes Stück des breiten Weges ab, auf den wir aber bald wieder treffen. Doch schon wenige Schritte später ist es erneut die Geologie, die uns innehalten lässt.

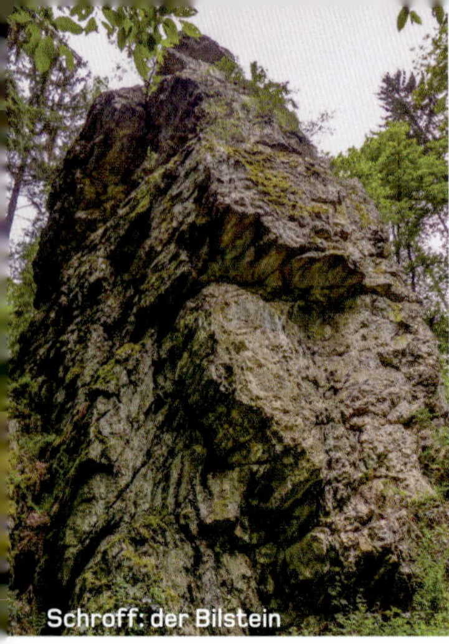
Schroff: der Bilstein

Vor uns öffnet sich ein Felsentor (8), das man mühsam in den Fels gesprengt hat, um die Landstraße an dieser Stelle passierbar zu machen. Uns ermöglicht das heute tolle Einblicke in die, im wahrsten Sinn des Wortes, bewegte Geschichte des hier anstehenden Schiefergesteins.

Nach diesem besonderen Höhepunkt wandern wir gemütlich auf dem breiten Weg weiter, gewinnen sanft an Höhe und erspähen in einer Linkskurve kurz das nächste Zwischenziel: Fronhofen. Doch noch einmal schließt sich der

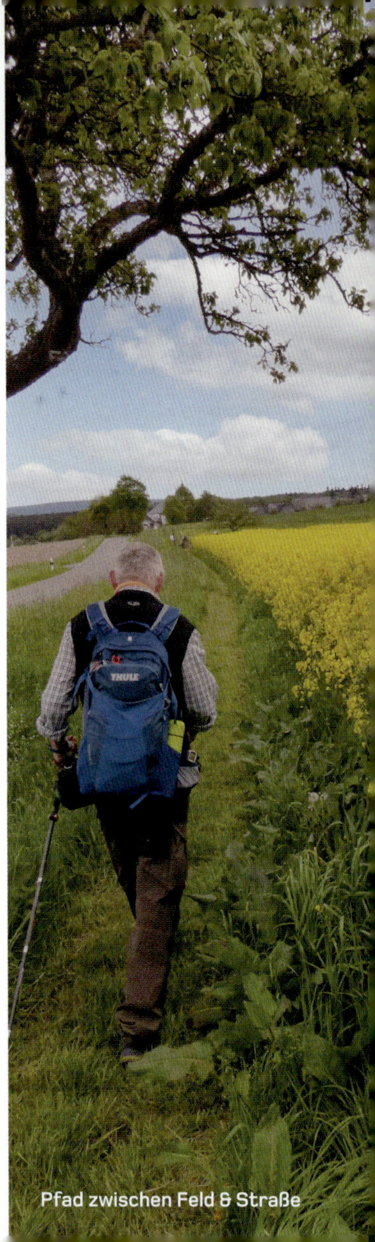

Pfad zwischen Feld & Straße

Wald um uns. Wir passieren den Abzweig zur Fronhofer Grillhütte und verlassen dann nach **9.8 km** endgültig den Wald. Begleitet von wogenden Feldern nähern wir uns dem kleinen Ort.

Mit leichtem Linksversatz laufen wir durch Fronhofen, passieren das Scheunenmuseum und biegen am Ortsende rechts auf einen befestigten Weg. Nach wenigen Schritten lädt das Tor des Naturkräutergartens (9) zu einem besonderen botanischen wie kulinarischen Besuch ein (Öffnungszeiten beachten!).

Der Feldweg führt an Gärten und Geflügelweiden vorbei zu einer Kreuzung, an der wir links abbiegen. Unendlich weit können wir den Blick über die Felder und Hügel schweifen lassen, und als wir die letzte Kuppe überschreiten, liegt auch Kleinich mit dem markanten Kirchturm wieder voll im Blickfeld. Nach **11.9 km** dürfen wir unmittelbar vor der Straße auf einen parallelen Grasweg abbiegen, der uns an einem Bauernhof vorbei zum Ortsrand von Kleinich bringt.

Wir durchschreiten ein Holzportal und gelangen auf dem Gehweg in die Ortsmitte an der evangelischen Kirche. Hier wenden wir uns nach rechts und wandern entlang der Ortsstraße vorbei am Gastgeber die letzten Meter hinauf zum Ortsende und zum Feuerwehrhaus (1).

Hier endet nach **13 km** eine sehr abwechslungs- und aussichtsreiche Rundtour auf dem Seitensprung Kirchspiel Tälertour.

FAZIT

Die Tour ist mit normaler Kondition und normaler Trittsicherheit gut zu begehen. Festes Schuhwerk ist aufgrund des hohen Naturweganteils sinnvoll. Auf den offenen Flurpassagen sind Wetter- und Sonnenschutz wichtig.

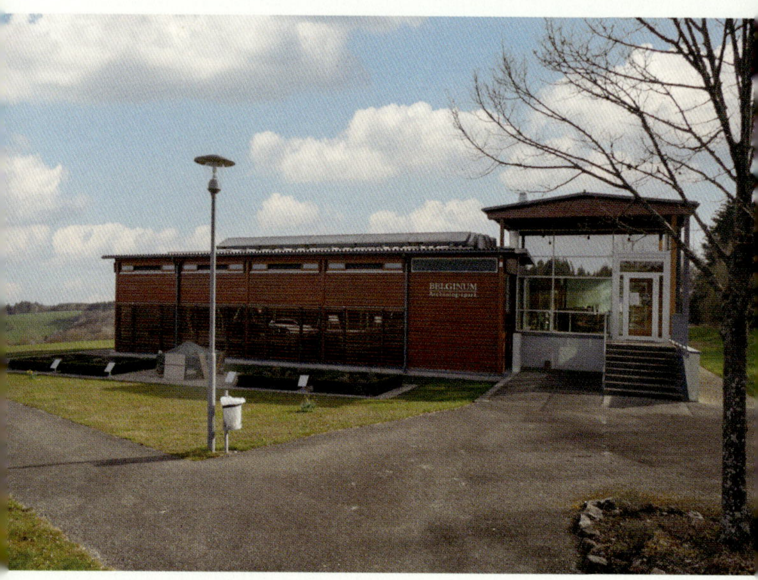

Kelten und Römern auf der Spur

Direkt an der Hunsrückhöhenstraße beginnt im Archäologiepark Belginum eine spannende Zeitreise. Schon zur Zeit der Kelten und Römer verlief hier mitten durch den Hunsrück eine wichtige Fernstraße. In der anschaulichen Dauerausstellung, die mitten in einem einstigen Straßendorf steht, wird auch alltäglichen Fragen nachgegangen. Wir erfahren, wie die Wasserversorgung funktionierte oder welche Handelsgüter woher kamen und was bei unseren Vorfahren auf dem Speiseplan stand. Ergänzt werden die 2002 eröffneten Museumsräume durch wechselnde Sonderausstellungen und ein großzügiges Außengelände, in dem die Lage des Römerdorfs erläutert wird, aber auch das nahe Gräberfeld aus der Keltenzeit einbezogen ist. Ein 1 km langer Rundweg führt zu interessanten Schautafeln, ein Kinderspielplatz gibt den kleinsten Besuchern Raum zum Toben. Infos: www.belginum.de, Mo. geschlossen

Mosellandtouristik, Kordelweg 1, 54470 Bernkastel-Kues, 06531-9733-0, www.mosellandtouristik.de ▪ Wein- und Ferienregion Bernkastel-Kues, Gestade 6, 54470 Bernkastel-Kues, 06531/500 190, www.bernkastel.de

Bauwagencafé Naturkräutergarten, Fronhofen 2, 54483 Kleinich, 06536/933620 www.naturkraeutergarten.de, Apr.-Okt.: Mi. bis Sa., 15-19 Uhr

Landhaus Arnoth, Alter Gasthof Faust, Ortsstraße 55, 54483 Kleinich, 06536/286, www.landhaus-arnoth.de,

Die Anfahrt mit dem ÖPNV ist leider nicht praktikabel.

Taxi Konrad, Bergstraße 10, 55487 Sohren, 06543/98820 ▪ Taxi Hilgers, Wildbadstraße 93, 56811 Traben-Trarbach, 06541/9425 ▪ Taxi Priwitzer, Cusanusstraße 37, 54470 Bernkastel-Kues, www.taxi-priwitzer.de, 06531-96970,

In Fronhofen bietet sich ein Besuch des Naturkräutergartens an. Es gibt im Sommer nicht nur leckere Kuchen und Getränke, sondern auch würzige Inspiration. Die zahlreichen Wild- und Gartenkräuter kann man hier in entspannter Atmosphäre kennenlernen und erwerben. www.naturkraeutergarten.de

▪ Bei Hundheim steht auch nach Jahrhunderten noch der stolze Bergfried der **Ruine Baldenau**. *Die im frühen 14. Jahrhundert von Balduin von Luxemburg in Auftrag gegebene Burg wurde als Bollwerk gegen die feindlichen Sponheimer errichtet. Sie war die einzige Wasserburg im Hunsrück, der schützende Wassergraben wurde mit dem Wasser der Kleinen Dhron gespeist. Die Ruine ist jederzeit frei zugänglich. Die Zufahrt ist ab Hundheim ausgeschildert.*

Hunde mit guter Kondition meistern die Tour ohne Probleme. Sie finden an einigen Bächen Zugang zum Wasser.

3 Bernkasteler Bärensteig

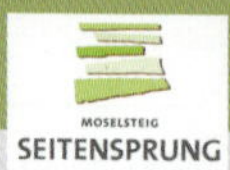

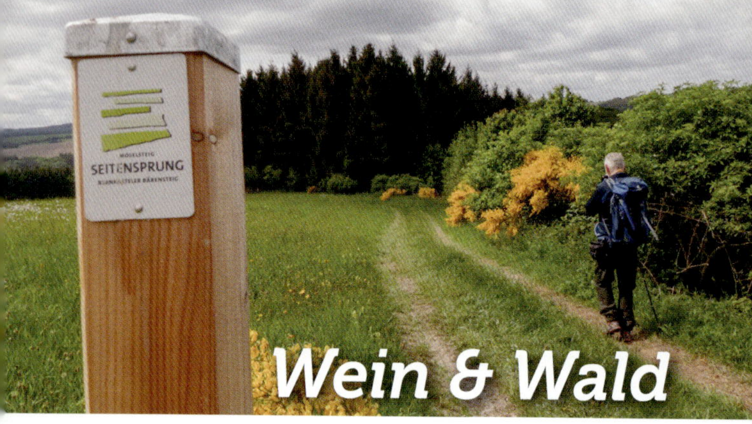

6.7	2h	314	421	549 644	
km	⏲	↑ ▲ ↓	▲	♀ ♂	MS2X8X3

Start/Ziel: Bernkastel, Römerstraße

Anfahrt: Bernkastel-Kues erreicht man entlang der Mosel über die B 53.

Parken: Parkplatz Bernkastel, Schanzufer (Gebühr)
N49° 54' 52.0'' • E7° 04' 26.6''

scan to go®

Wegpunkte:

P1 Bernkastel Markt/ Römerstraße
32 U 361861 5531019

P2 Trennung vom Moselsteig
32 U 363064 5531069

P3 Sinnesbank & Hunsrückblick
32 U 363095 5530262

P4 Bresgensruh
32 U 362723 5529947

P5 Bernkastelblick
32 U 362079 5530873

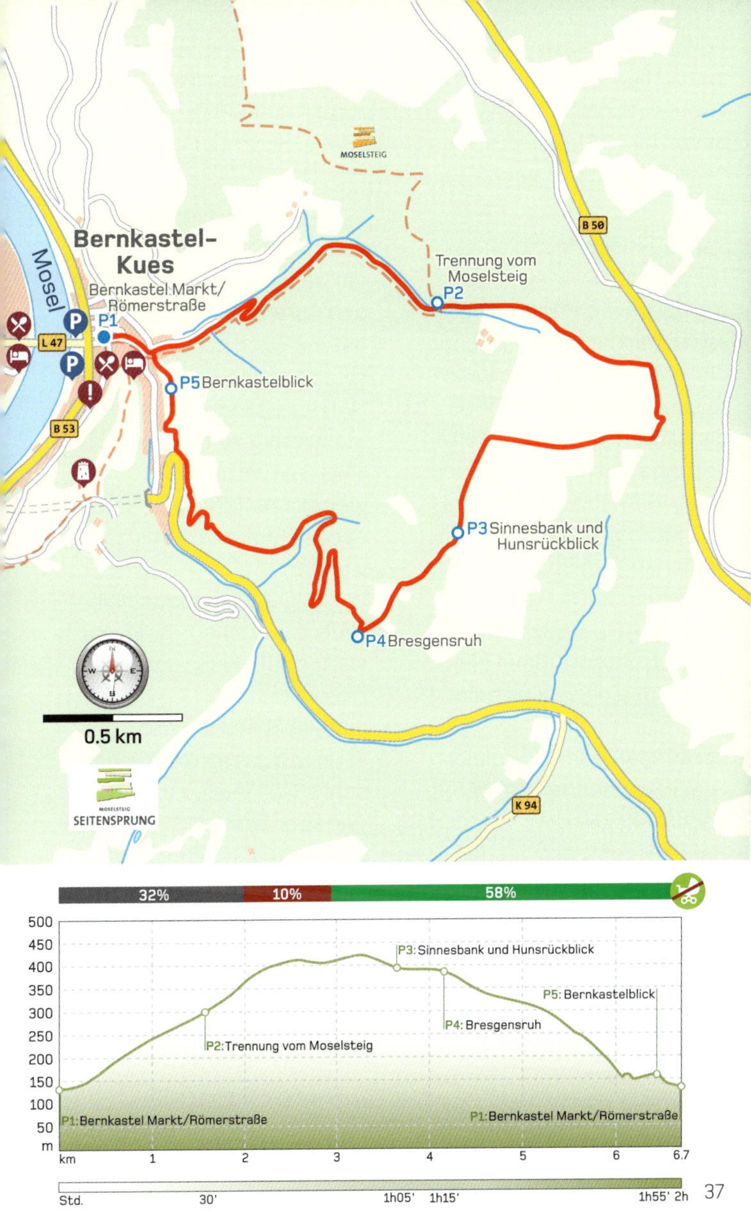
MOSELSTEIG
B 50
Bernkastel-
Kues
Mosel
Trennung vom
Moselsteig
P2
Bernkastel Markt/
Römerstraße
P1
L 47
P5 Bernkastelblick
B 53
P3 Sinnesbank und
Hunsrückblick
P4 Bresgensruh
0.5 km
MOSELSTEIG
SEITENSPRUNG
K 94
32%
10%
58%
500
450
400
350
300
250
200
150
100
50
m
P3: Sinnesbank und Hunsrückblick
P5: Bernkastelblick
P4: Bresgensruh
P2: Trennung vom Moselsteig
P1: Bernkastel Markt/Römerstraße
P1: Bernkastel Markt/Römerstraße
km
1
2
3
4
5
6
6.7
Std.
30'
1h05'
1h15'
1h55' 2h

Kurz, aber klasse: Der Bernkasteler Bärensteig beschert nach anstrengendem Auftakt grandiose Weitblicke über herrliche Wiesen. Hunsrückhöhen und Moseltal liegen uns zu Füßen, bevor es auf urigen Pfaden vorbei an schroffen Felsen zurück nach Bernkastel geht.

Vom quirligen Marktplatz (1) von Bernkastel laufen wir durch die Römerstraße sanft bergan und erreichen die Kreuzung mit der Kallenfelsstraße. Hier begrüßen uns die ersten Logos des Seitensprungs Bernkasteler Bärensteig. Gemeinsam mit dem Moselsteig, folgen wir dem Seitensprung in die stramm ansteigende Gasse.

Der Touristenrummel bleibt rasch zurück, und unsere Kondition wird ernsthaft herausgefordert. Begleitet vom rauschenden Kallenfelsbach, passieren wir die letzten Häuser und treten in den Wald ein. Stetig führt uns der Seitensprung aufwärts, was sich auch nach einer spitzen Kehre nach rechts nicht ändert. Allerdings dürfen wir nun auf einem Pfad wandern, der uns nach erneuter Kehre weiter durch das Bachtal bergan führt.

Ab und an laden Bänke zum Verweilen ein und erleichtern den Aufstieg. Nach 1.6 km nutzen wir einen Steg, um den rauschenden Bach zu queren. Nun ist es Zeit, sich vom Moselsteig zu trennen (2), der links weiterführt, dafür begleitet uns jetzt der Seitensprung Moseltalschanzen.

Wir folgen den Logos halb rechts auf einem Waldweg weiter aufwärts. Anfangs rieselt rechts noch der Kallenfelsbach, dann geht der Wald in dichtes Gehölz und schließlich in eine Wiese über. Wir aber wandern im Wald, in dem knorrige Eichen unsere Aufmerksamkeit auf sich ziehen. An einem Waldfenster erwartet uns unter einer mächtigen Kirsche eine erste Sinnesbank zur entspannten Rast im Grünen.

Wir setzen den Aufstieg fort und lassen den Abzweig des

Wegs nach Traben-Trarbach unbeachtet. Wenig später schickt uns vor dem Waldrand ein Wegweiser scharf nach rechts, die Moseltalschanzen biegen hier links ab. Wir queren ein Gehölz, um dann am Rand der schier endlos wogenden Wiesen entlangzuwandern. Links begleitet uns die neue Trasse der B 50.

Wir passieren unbemerkt das auf den Wegweisern angekündigte Hunnengrab und treffen nach **2.6 km** an einer grünen Brücke über die B 50 ein. Sie hilft den Wildtieren, weiter zwischen den angrenzenden Waldrevieren zu wechseln, und sollte nicht von Menschen genutzt werden, um scheue Tiere nicht abzuschrecken.

Wir wandern auf dem Bärensteig wieder nach rechts, passieren eine mächtige Solitäreiche und erreichen wenig später einen querenden Forstweg. Hier biegen wir rechts ab, und als der Wald auf der linken Seite zurückweicht, können wir der Einladung einer weiteren Sinnesbank nicht widerstehen.

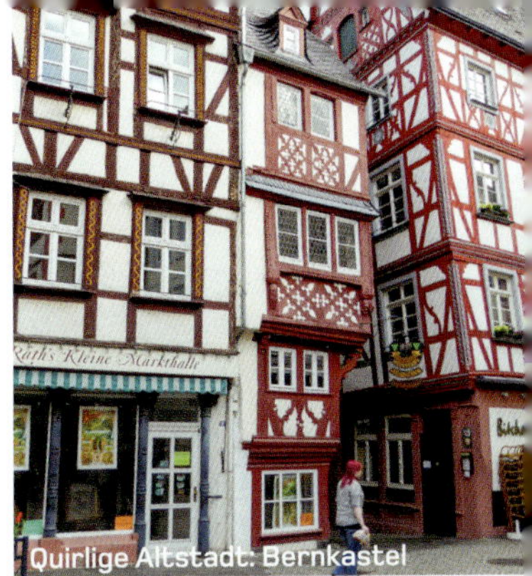

Quirlige Altstadt: Bernkastel

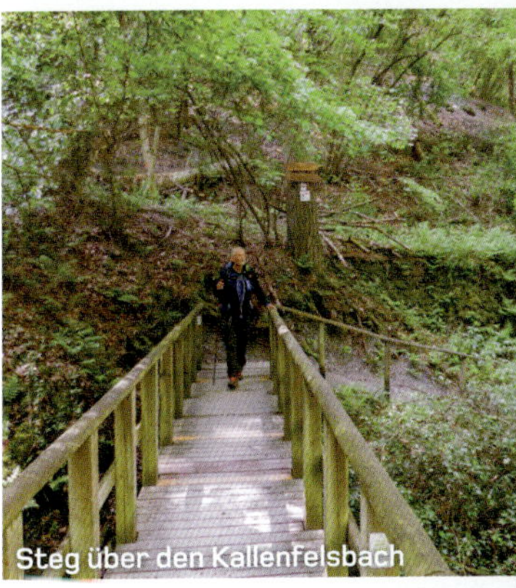
Steg über den Kallenfelsbach

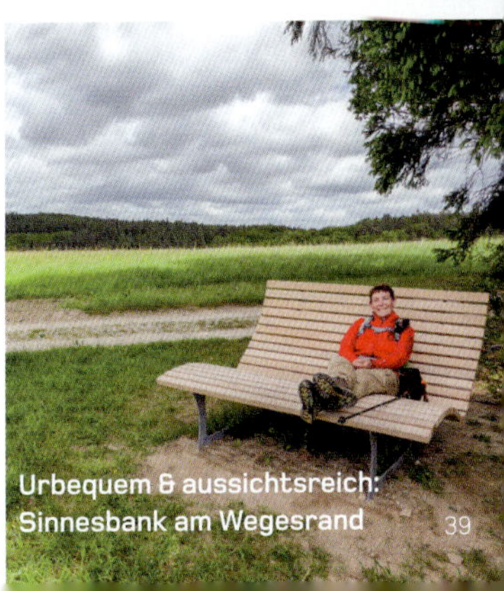
Urbequem & aussichtsreich: Sinnesbank am Wegesrand

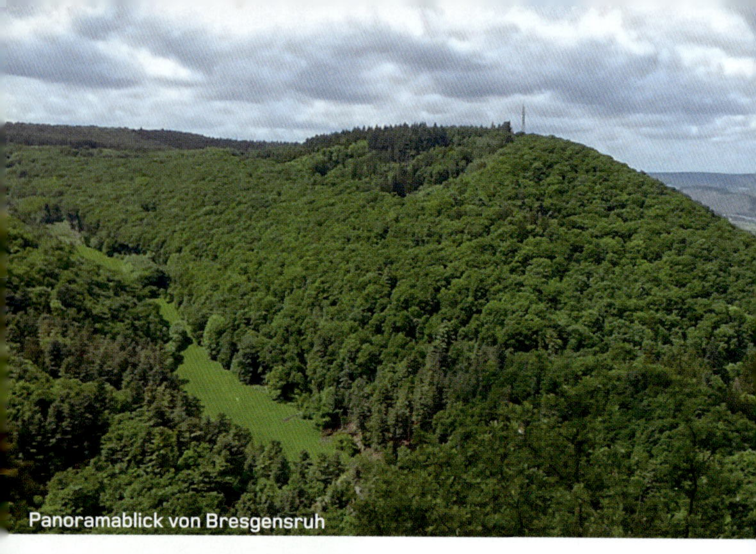
Panoramablick von Bresgensruh

> ! Einfach klasse ist der Ausblick, den wir von hier aus entspannt genießen können.

Beim Weiterwandern begeistert uns der weite Ausblick, den wir nun bei der Querung der riesigen Wiese geboten bekommen: Links schweift der Blick über die Hunsrückhöhen, rechts erspähen wir das Moseltal. Am Waldrand bietet sich ein Rastplatz zur nächsten Unterbrechung an, doch wir wandern links am Waldrand entlang weiter. Herrlich federt der Wiesenweg unter den Sohlen, und auch der Hunsrück liegt weiter im Blickfeld. Dazu sorgen mannshohe Ginster besonders im Frühsommer für Hochstimmung. Nach **3.7 km** legen wir wieder eine Pause ein, denn rechts am Waldrand steht eine perfekt positionierte Sinnesbank **(3)**, von der wir die Aussicht auf Idarkopf und Hunsrückkamm in Ruhe auskosten können.

Es fällt schwer, diesen idyllischen Platz zu verlassen, doch schließlich raffen wir uns auf und wandern weiter. Nach wenigen Schritten tauchen wir in den Wald ab und halten

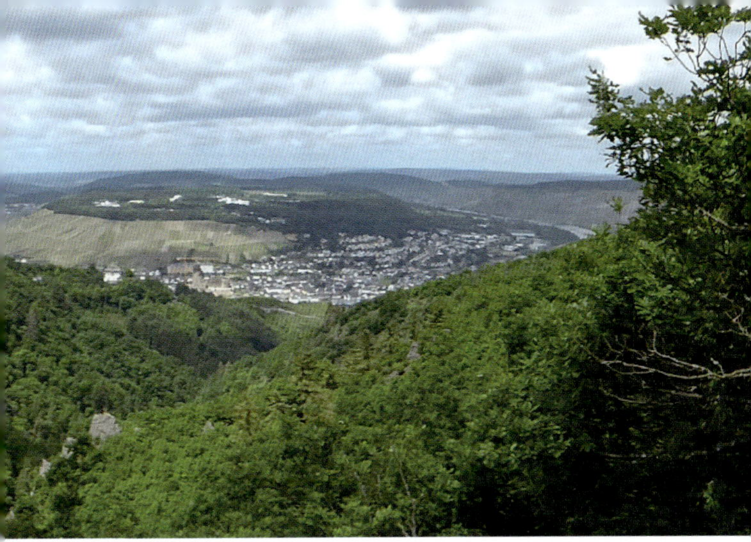

uns an einer Weggabelung links. Lichter, von Buchen dominierter Laubmischwald setzt einen spannenden Kontrapunkt zu den eben erlebten Wiesenpassagen, doch dann unterbricht noch einmal eine kleine Waldwiese mit üppigen Ginsterbüschen den Wald. Danach übernimmt endgültig der Wald die Regie, wobei immer mehr Eichen das Bild prägen. Der Bärensteig verläuft nun pfadig auf weichem Waldboden und führt uns nach **4.2 km** zur Bresgensruh **(4)**, einem Felskliff mitten im Wald. Klar, dass wir, bevor wir dem Pfad nach rechts folgen, dem Felsen aufs Dach steigen und oben mit einem grandiosen Ausblick zur Mosel und nach Bernkastel-Kues belohnt werden.

Beschwingt folgen wir dem Pfad abwärts durch den Eichenwald. An einer Bank treffen wir auf einen Querweg und biegen scharf links ab. An der nächsten Kreuzung weisen Schilder auf das „Goldene Kreuz" hin, das etwas neben dem Weg auf einem Felssporn steht. Wir wenden uns nach rechts und setzen den Abstieg durch den Wald fort. Immer wieder rücken

Felsen eng an den Weg heran und geben Einblick in kunstvoll gefaltete Schichten und Jahrmillionen der Erdgeschichte. Wir umrunden einen Taleinschnitt und halten uns an der folgenden Weggabelung links. In der nächsten Kurve passieren wir das Matthiaskreuz nebst Bank und wandern ohne großen Höhenverlust weiter. Nach **5.6 km** erreichen wir einen Wegweiser, hier biegt rechts der Zuweg zur 500 m entfernten Kaiserstuhl-Hütte ab. Wir aber laufen geradeaus auf einem Pfad weiter, der sich in engen Serpentinen talwärts windet. In der ersten Rechtskehre passieren wir den Jodlerplatz, einen weiteren Felsvorsprung, von dem aus wir erstmals die Ruine Landstuhl im Blick haben.

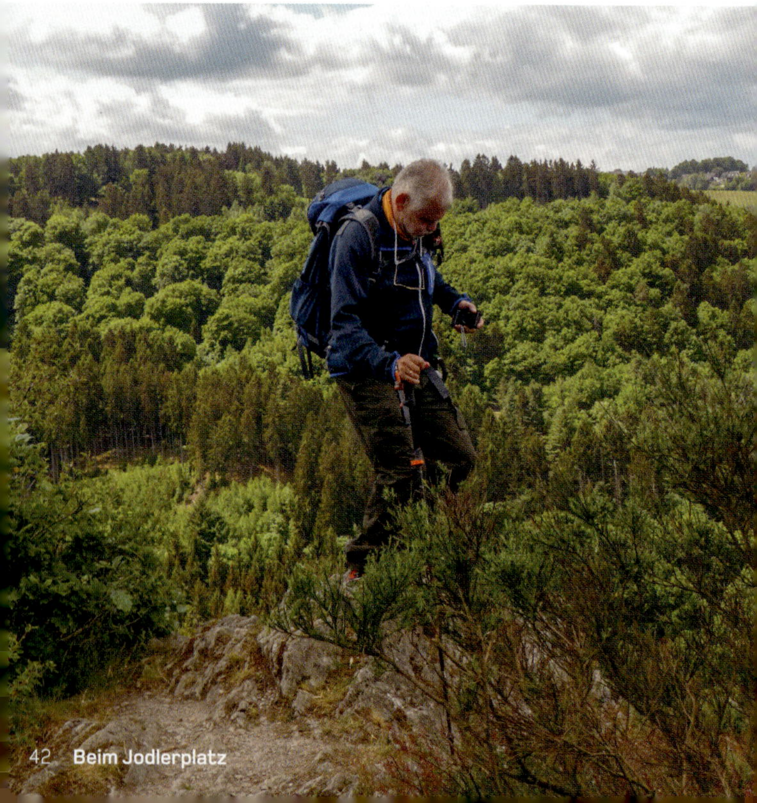

 Beim Jodlerplatz

Bald enden die Serpentinen, und der Weg führt uns nun mit deutlich geringerem Gefälle durch die Flanke des Tiefenbachtals. Nachdem er sich zum idyllischen Pfad gewandelt hat, erhaschen wir ab und an einen Blick hinüber zur Burgruine. Gehölze verdrängen den Wald, und schließlich treffen wir unmittelbar an der alten B 50 auf die Mauer des Friedhofs.

Wir laufen rechts bergan und folgen der Mauer dann nach links. Nach kurzem Treppenabstieg biegen wir vor einem Privatgrundstück rechts auf einen sehr schmalen Weg ab. Nach wenigen Metern schicken uns die Seitensprunglogos dann noch einmal rechts bergan. Auf schiefrigem Grund erklimmen wir pfadig den Hang oberhalb der Stadt.

Als die ersten Reben uns begleiten, stehen Bänke bereit, um den außergewöhnlichen Blick auf die Stadt und die Mosel in Ruhe zu genießen (5). Dann senkt sich der Pfad ab, und unser Blick gleitet über die Schieferdächer der Häuser hin zur Mosel. Schließlich tauchen wir in die Stadt ein und erreichen mit einer Treppe die Kallenfelsstraße. Wir biegen links ab und stehen nach **6.6 km** wieder an der Kreuzung mit der Römerstraße. Von hier sind es nur 100 m zum nahen Marktplatz (1), wo wir im quirligen Treiben diese Tour beenden.

FAZIT

Der Bernkasteler Bärensteig verlangt anfangs etwas Kondition, denn der Anstieg durchs Kallenbachtal ist recht stramm. Die Pfade um Bresgensruh und weiter ins Tiefenbachtal verlangen gute Trittsicherheit und festes, am besten knöchelhohes Schuhwerk.

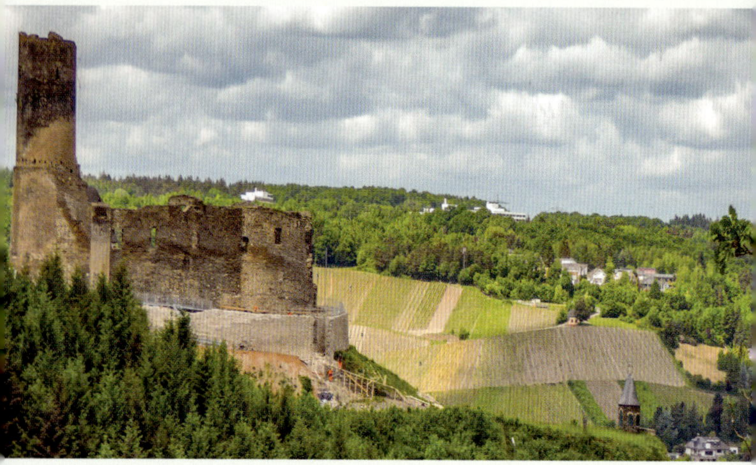

Ein Kastell und drei Burgen

Hoch über dem rechten Moselufer bei Bernkastel thront die noch heute eindrucksvolle Ruine der Burg Landshut. Der strategisch günstige Standort war bereits von den Römern für ein Kastell genutzt worden, bevor gut 6 Jahrhunderte später die erste Burg errichtet wurde. Nach deren nahezu kompletter Zerstörung 1017 folgte ein lange dauernder Territorialstreit, der den Neubau der Burg und die erneute Zerstörung zur Folge hatte. 1277 kam es zum dritten Burgbau durch den Trierer Erzbischof. Die Burg wurde in den Folgejahren verstärkt und ausgebaut. Den Namen „Landshut" erhielt die Burg erst 1505. Im Dreißigjährigen Krieg widerstand die Anlage diversen Besatzungen. Doch 1692 zerstörte sie ein Großfeuer fast vollständig. Unter Friedrich Wilhelm wurden erste Renovierungsarbeiten durchgeführt. Seit 1920 befindet sich die Burg im Besitz der Stadt Bernkastel-Kues.

Heute ist die bewirtschaftete Burg nicht nur Wahrzeichen, sondern auch ein beliebtes Ausflugsziel.

Mosellandtouristik, Kordelweg 1, 54470 Bernkastel-Kues ✆ 06531/9733-0 ⓘ www.mosellandtouristik.de ▪ Mosel-Gäste-Zentrum, Gestade 6, 54470 Bernkastel-Kues ✆ 06531/500190 ⓘ www.bernkastel.de

Hotel Restaurant Moselblümchen, Schwanen straße 10, 54470 Bernkastel-Kues ✆ 06531/2335 ⓘ www.hotel-moselbluemchen.de

Märchenhotel, Kallenfelsstraße 25-27, 54470 Bernkastel-Kues ✆ 06531/96550 ⓘ www.maerchenhotel.com ▪ Wein- und Gästehaus Port, Weingartenstraße 57, 54470 Bernkastel-Kues ✆ 06531/91173 ⓘ www.ferienweingut-port.de

In Bernkastel-Kues gibt es keinen Bahnhof. Eine Anreise per Bus z.B. ab Wittlich oder entlang der Mosel ist problemlos möglich. ⓘ www.vrt.info.

Taxi Priwitzer ✆ 06531-96970

In Bernkastel-Kues präsentiert das **Moselweinmuseum** *die fast 2000-jährige Weinbaugeschichte des Moseltals. Anschaulich kommt man der bedeutenden Weinbauregion näher, erfährt aber auch viel Spannendes zur Arbeit an den Reben, zur Geschichte des Weins, zum kulturellen Leben rund um den Wein und zur aktuellen Forschung in der Önologie. ⓘ www.moselweinmuseum.de*

Für Hunde ist die Tour gut laufbar. Entlang des Kallenfelsbachs haben Hunde Zugang zum Wasser.

4 Kluckertspfad

MOSELSTEIG SEITENSPRUNG

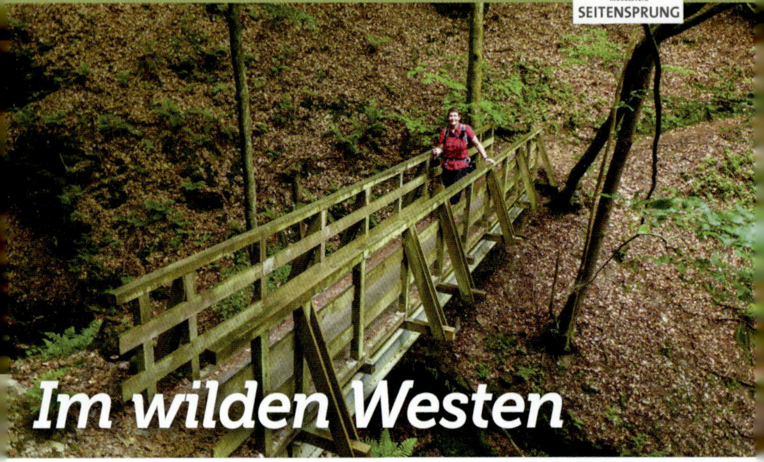

Im wilden Westen

12.7	4h	412	313	947 1111	
km					MS2X7X4

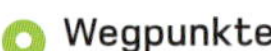

Start/Ziel: Grillhütte Kindel

Anfahrt: Entlang der Mosel über die B 53 und die Moselbrücke nach Zeltingen-Rachtig. Weiter über die L 189 nach Kinheim-Kindel, über Weinbergswege zur Grillhütte

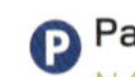

Parken: Kinheim-Kindel
N49° 47' 50.0'' • E7° 03' 21.9''

scan to go®

Wegpunkte:

P1 Grillhütte
32 U 360584 5536425

P2 Blick Klosterruine
32 U 361522 5536354

P3 Querung Kluckerter Bach
32 U 361489 5536178

P4 Moselblick
32 U 362939 5537201

P5 Klosterruine
32 U 363114 5537430

P6 Beginn Mühlbachtal
32 U 363377 5536817

P7 Ausgrabung
32 U 360066 5536756

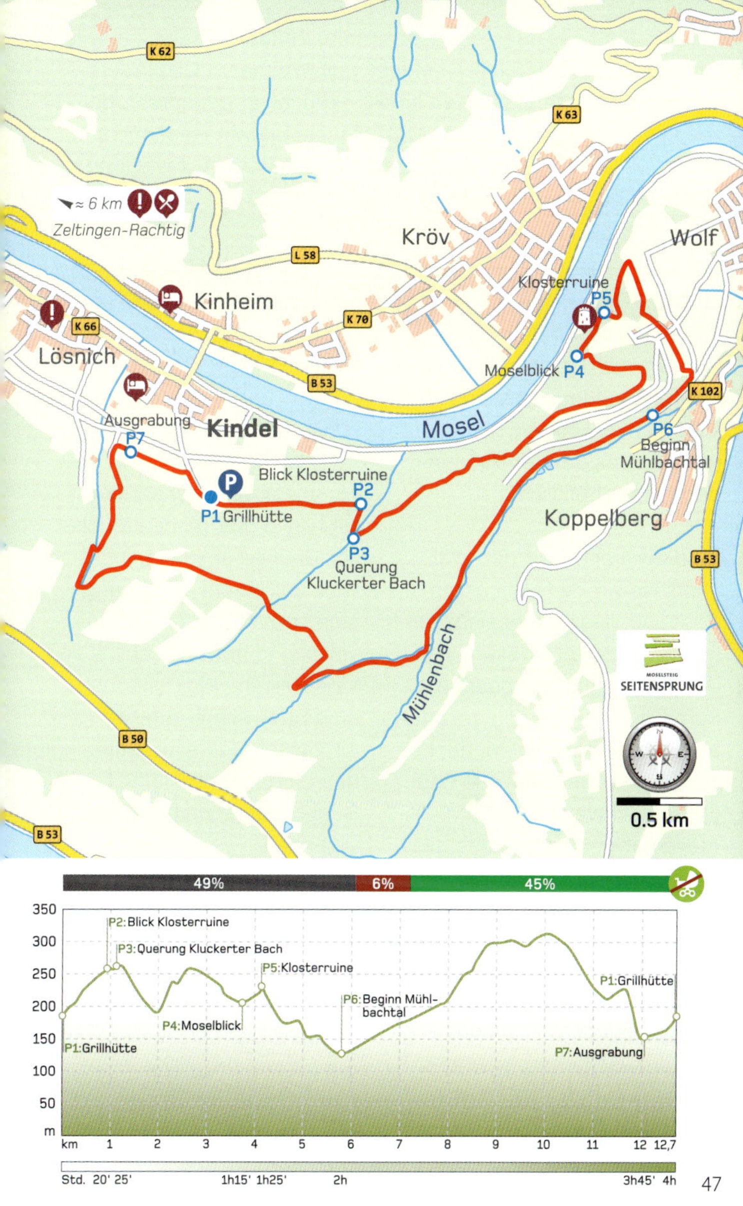
K 62
K 63
≈ 6 km
Zeltingen-Rachtig
Kröv
Wolf
L 58
Klosterruine
P5
Kinheim
K 70
K 66
Lösnich
Moselblick P4
B 53
K 102
Ausgrabung
Kindel
Mosel
P6
Beginn
Mühlbachtal
P7
Blick Klosterruine
P2
P1 Grillhütte
Koppelberg
P3
Querung
Kluckerter Bach
B 53
Mühlenbach
MOSELSTEIG
SEITENSPRUNG
B 50
0.5 km
B 53
49%
6%
45%
350
300
250
200
150
100
50
m
P2: Blick Klosterruine
P3: Querung Kluckerter Bach
P5: Klosterruine
P6: Beginn Mühl-
bachtal
P4: Moselblick
P1: Grillhütte
P1: Grillhütte
P7: Ausgrabung
km 1 2 3 4 5 6 7 8 9 10 11 12 12,7
Std. 20' 25' 1h15' 1h25' 2h 3h45' 4h

Ruhige und teils auch abenteuerliche Waldpassagen, ein wildromantischer Bach mit Schlucht und Wasserfall, tolle Aussichten und offene Wiesen sowie akkurat angelegte Rebenzeilen. Der Kluckertspfad zeigt: Deutschlands Westen kann auch mit wilder Natur punkten. Eine keltische Ausgrabungsstätte gibt es als Zugabe.

Mitten in den Weinbergen oberhalb von Kindel beginnen wir an der Grillhütte (1) die Rundwanderung auf dem Seitensprung Kluckertspfad. Wir wandern im Uhrzeigersinn und wenden uns dem ansteigenden Wirtschaftsweg zu.

Bald erreichen wir den Waldrand, wo wir zwei, in kurzem Abstand, nach rechts abzweigende Wege ignorieren und stattdessen gemeinsam mit dem Kogelherrenweg geradeaus weiter bergan wandern. Anfänglich umfängt uns dabei Laubmischwald, bald dominieren aber Nadelbäume die unmittelbare Wegumgebung.

Nach **0.5 km** passieren wir ein altes, längst neu besiedeltes Windbruchareal, das uns jedoch nach links den Blick zur Mosel erlaubt. Wenig später schließt sich die Vegetation wieder und steht eng Spalier, während wir weitere Höhenmeter gutmachen. Dann tritt der Untergrund in Form vielschichtiger Schieferfelsen zu Tage und sorgt für geologische Abwechslung.

Als unser Weg scharf nach rechts in das Tal des Kluckerter Baches abknickt, lockt links auf einem Vorsprung eine tolle Aussicht ins Moseltal und auf Kröv sowie zur Klosterruine Wolf (2). Auch eine Bank steht zum Verweilen bereit, und etwas oberhalb des Weges bietet eine kleine Schutzhütte weitere Rastgelegenheit.

Danach wird es abenteuerlich: Der enge Pfad führt uns durch die sehr steil abfallende Hangflanke, und tief unter uns rauscht der Kluckerter Bach. Ein erster Steg überbrückt eine schwierige Stelle, und seltene Hirschzungenfarne krallen sich an den Fels. Dann ist es so weit: Die Vegetation gibt den Blick auf die tiefe Schlucht des Baches frei, und wir dürfen nach **1.1 km** den Bach über einen zweiten Steg queren **(3)**.

Vom Steg aus haben wir talaufwärts einen Wasserfall im Blick, während nach links der tiefe Einschnitt ins Grundgebirge besonders deutlich wird. Als hätte jemand Mikado gespielt, liegen Baumstämme quer im Tal und zeugen von der Kraft, die Wind und Wasser auch hier ausüben.

Wir folgen dem Pfad wieder Richtung Moseltal und treffen wenig später auf einen Querweg. Hier halten wir uns links und beginnen den ersten Abstieg. Ab und an weist der Weg feuchte Stellen auf, denn Quellhorizonte sind nur schwer zu bändigen.

Doch mit festen Wanderstiefeln meistern wir auch

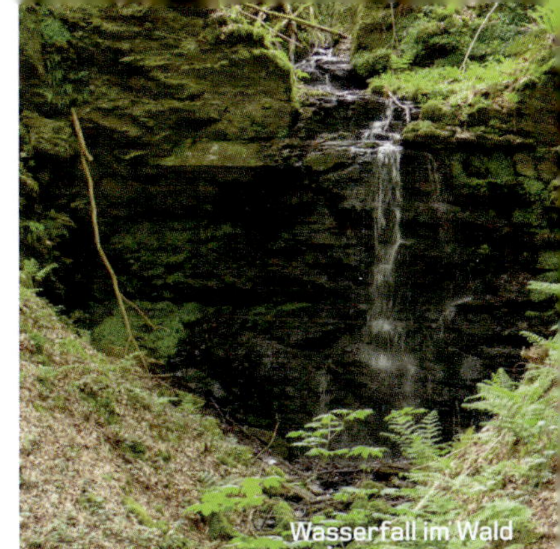

Wasserfall im Wald

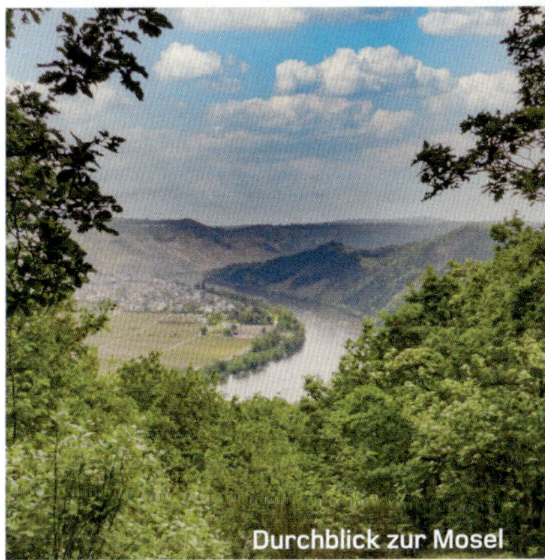

Durchblick zur Mosel

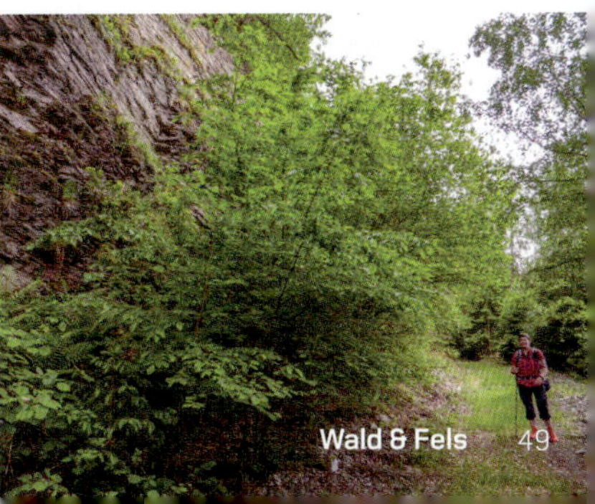

Wald & Fels

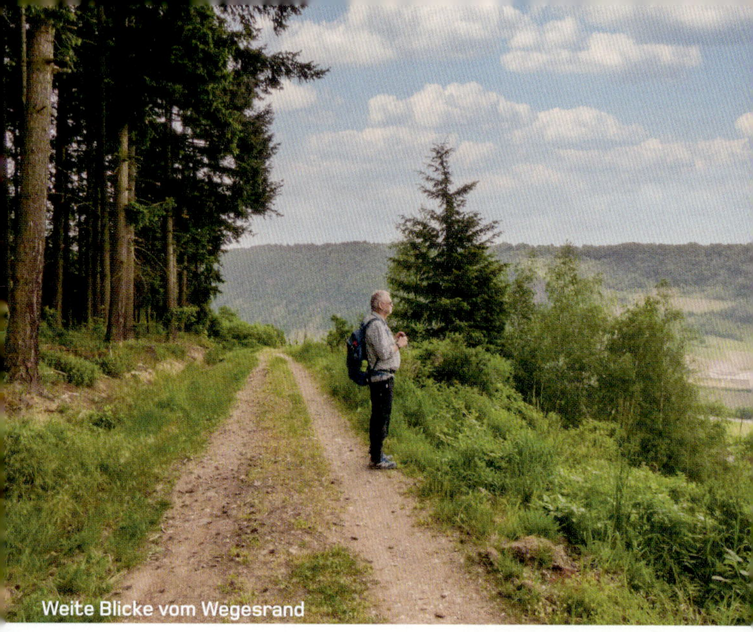
Weite Blicke vom Wegesrand

diese Abschnitte problemlos. Ab und an reißt die Waldkulisse auf und gibt den Blick zur Mosel frei, wo wir zurück Kinheim und voraus Kröv im Blickpunkt haben.

Wir setzen den Abstieg fort und treffen nach **2 km** mitten im Wald an einer Wegkreuzung auf einen Rastplatz. Wir behalten die Richtung bei und wandern geradeaus weiter, nun allerdings wieder pfadig und bergan.

! Urig präsentiert sich diese Wegpassage, die uns wieder durch eine sehr steile Hangflanke führt und auf der attraktive Felsen für Spannung und Ablenkung von der Anstrengung des Aufstiegs sorgen.

Unvermittelt entlässt uns der Pfad ins Freie und endet an einem befestigten Wirtschaftsweg. Wir wenden uns nach links und können den Blick erstmals über das Mühlenbachtal schweifen lassen.

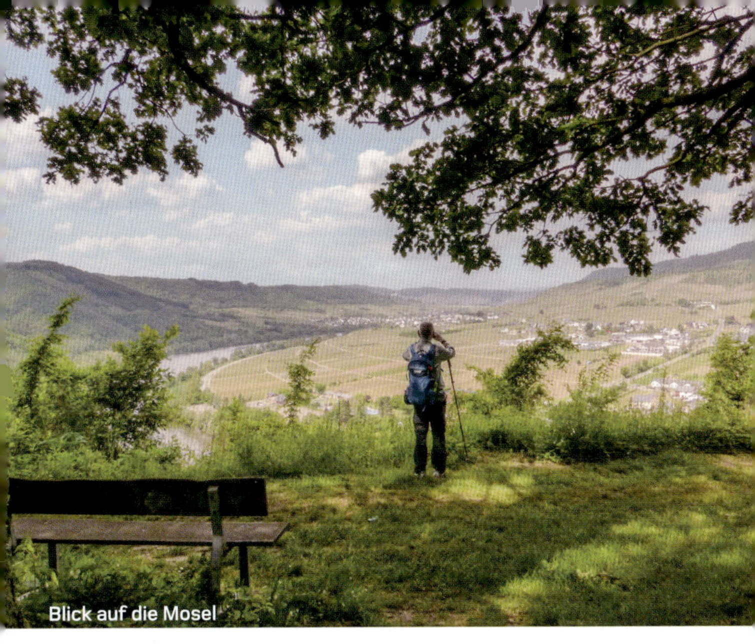

Blick auf die Mosel

An der Weggabelung kennt der Seitensprung einmal wieder nur eine Richtung: bergauf. Also folgen wir dem linken Weg und erobern die nächste Kuppe. Dort erwartet uns – an einer aus Sicherheitsgründen umzäunten Abbruchkante – eine Bank zum Verschnaufen.

Gut erholt setzen wir die Wanderung fort und laufen auf dem bequemen Weg sanft bergab zum Waldrand. Dort genießen wir an einer Bank den Blick nach rechts auf Traben-Trarbach und die Ruine Grevenburg, bevor wir links in den Wald abtauchen. Hier folgen wir unserem Weg geradeaus und ignorieren abzweigende Wege.

Erst als wir den Wald wieder verlassen und begeistert den ersten Nahblick auf die Klosterruine genießen, steht der nächste Richtungswechsel nach links an. Ein Stichweg bringt uns zur Hangkante, wo nach **3.8 km** eine Bank parat steht, von der wir das herrliche Moselpanorama (4) Richtung Ürzig in Ruhe auskosten können.

Anschließend wandern wir rechts auf federndem Grasweg zurück zum breiten Wirtschaftsweg, den wir an einem Rastplatz erreichen. Wir halten uns links, wechseln bald erneut links auf einen Pfad und wandern nun geradewegs auf die Klosterruine zu.

Von der Hangkante aus genießen wir ein sagenhaftes Panorama zur Mosel und auf Kröv, bevor wir uns dem historischen Gemäuer zuwenden. Nach **4.1 km** stehen wir in der Klosterruine (5) und nehmen die Relikte in Augenschein. Im Anschluss an diese kleine Zeitreise folgen wir dem Seitensprung auf steilem Naturweg bergab, bis wir auf einen Querweg stoßen, dem wir nach links folgen.

Wieder lassen wir abzweigende Wege unbeachtet, während wir durch Gehölze deutlich an Höhe verlieren. Als wir offene Wiesen erreichen, stehen wir am Umkehrpunkt

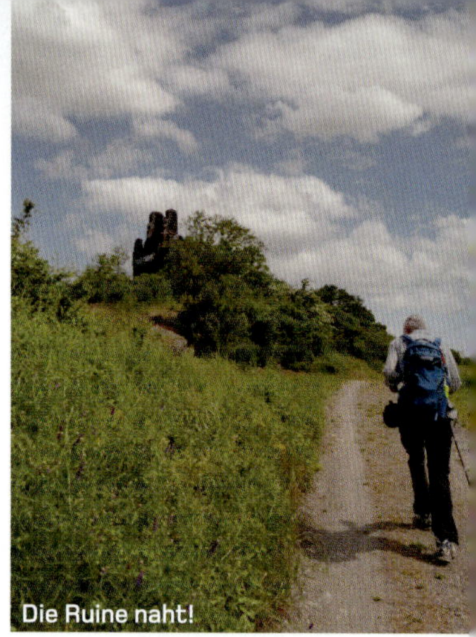
Die Ruine naht!

der Tour und wenden uns scharf rechts einem Grasweg zu. Dieser führt uns durch abwechslungsreiche Wiesen mit alten Streuobstbäumen und Hecken. Als wir am ersten Weinberg ankommen, knickt die Route scharf links ab und ein Grasweg führt uns zum eine Etage tiefer verlaufenden Asphaltweg.

Hier laufen wir nach rechts, passieren eine Scheune und wandern an der folgenden Kreuzung geradeaus auf einen befestigten Weinbergsweg. Rechts und links breiten sich die hier ungewöhnlich sanft geneigten Rebhänge aus.

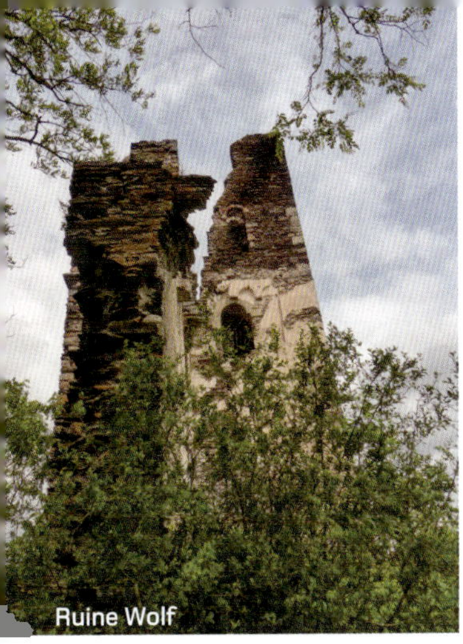
Ruine Wolf

Nach **5.4 km** dürfen wir unmittelbar durch einen Wingert laufen, denn der Seitensprung nutzt einen breiten Grünstreifen zwischen den Rebzeilen und führt uns zum nächsttieferen Weg. Dort biegen wir rechts ab und wandern auf Asphalt Richtung Mühlbachtal.

Im Talgrund verlassen wir nach **5.8 km** den Asphalt und laufen auf dem Feldweg fast geradeaus ins Mühlbachtal (6). Nun beginnt eine ruhige, zunächst nur unmerklich ansteigende Passage. Links verbirgt sich im üppigen Grün der Gehölze der Bach, den wir erst nach Passieren der Fischteiche etwas besser wahrnehmen können.

Als wir schließlich von der Gehölzzone in den Hochwald wechseln, haben wir immer wieder freien Blick hinab zum munter murmelnden Mühlbach. Noch immer steigt der bequeme Weg nur sanft an. Nach **8 km** wird es von der Waldkreuzung an anstrengender. Wir biegen rechts ab und folgen einem Waldweg in ein Seitental. Nach deutlichem Anstieg quert ein weiterer Waldweg, wir aber behalten die Richtung bei und wandern geradeaus weiter bergan.

Etwas weiter oben treffen wir erneut auf einen Querweg, dem wir rechts zum nahen Taleinschnitt folgen. Dort biegen wir links ab und steigen mit einem alten Waldweg noch einmal steil bergan.

Nach **8.8 km** dürfen wir aufatmen, denn unser Weg trifft einen breiten Forstweg, dem wir nun fast eben nach rechts folgen. Bei nächster Gelegenheit wechseln wir links auf einen weiteren Forstweg.

Dieser führt uns zu einer großen Waldkreuzung, an der wir halb links weiterwandern. Fast unbemerkt verlieren wir ein wenig an Höhe und queren nach **9.6 km** den kaum sichtbaren Kluckerter Bach.

Danach geht es am Rand einer Wiese etwas aufwärts zum Waldrand, wo wir einen abzweigenden Weg ignorieren und geradeaus durch nun offenes Terrain laufen.

Wir überschreiten eine Kuppe und freuen uns an den umgebenden Wiesen, die besonders im Frühsommer von zahlreichen blühenden Blumen besiedelt sind.

Dann verlassen wir die Wiesenlandschaft und treten erneut in den Wald ein. Kontinuierlich verlieren wir nun an Höhe und lassen abzweigende Wege mal wieder unbeachtet.

Im Bogen erreichen wir den Böngertsbach und schwenken scharf nach rechts. Nur wenig später dürfen wir nach **11.2 km** rechts auf einen Waldweg abbiegen, der uns hinab zum Bach und darüber hinweg führt. An der folgenden Verzweigung entscheiden wir uns für den rechts ansteigenden Feldweg – und bald können wir über eine Freifläche hinweg den nächsten schönen Blick zur Mosel genießen.

Auf der anderen Seite flankiert eine altehrwürdige Weinbergsmauer den Weg. Am Waldrand ist etwas Aufmerksamkeit gefordert, denn der Seitensprung biegt nur 20 m später scharf links ab und folgt einer Geländekante steil talwärts.

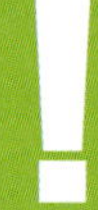

Dieser Abstieg erfordert gute Trittsicherheit, denn es verbergen sich Steine unter dem Laub.

Wir passieren das Wasserwerk und erreichen den Waldrand. Hier nutzen wir den Asphaltweg nach links und biegen nach **12 km** rechts auf einen Feldweg ab.

Der führt fast eben durch Wiesen und Weinberge, bringt uns aber zunächst zu einer letzten besonderen Attraktion: der Ausgrabung einer gallo-römischen Villa (7). Wir lernen, dass bereits die Kelten den Weinbau kultivierten und Eichenfässer nutzten, was die Römer später von den Kelten übernahmen.

Mit neuem Wissen passieren wir einige Weinberge, dann treffen wir auf die Zufahrt zur Grillhütte. Der folgen wir noch 200 m bergan, dann endet die kurzweilige Rundtour nach **12.7 km** wieder an der Grillhütte (1).

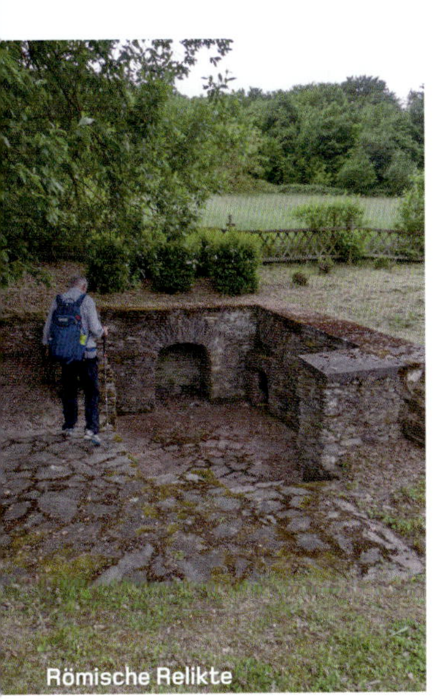
Römische Relikte

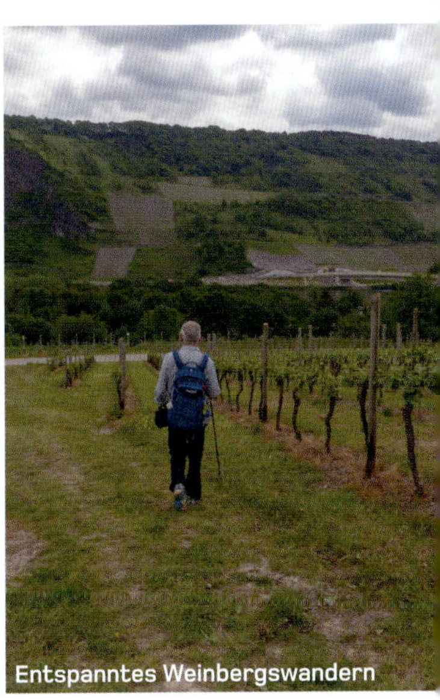
Entspanntes Weinbergswandern

FAZIT

Die Tour verlangt Kondition und auf den schmalen Pfadabschnitten gute Trittsicherheit, feste Wanderstiefel und Stöcke sind daher sinnvoll. Unterwegs gibt es keine Einkehrmöglichkeit, also die Rucksackverpflegung nicht vergessen.

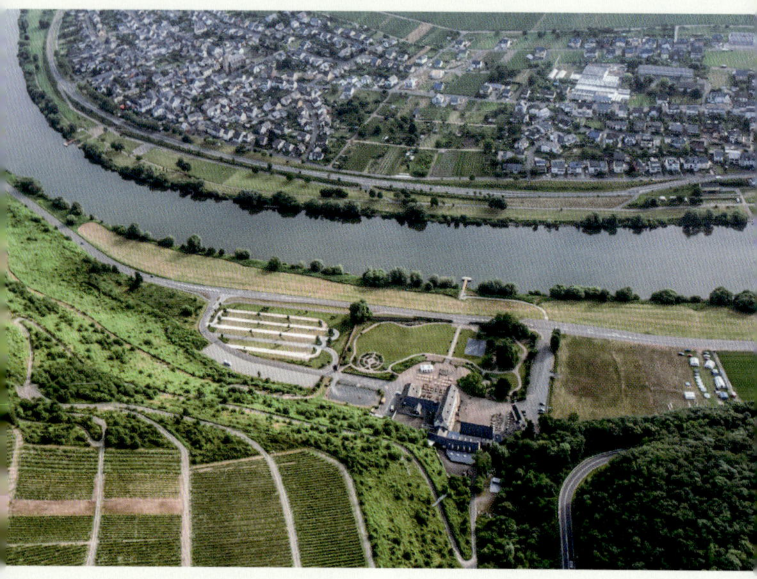

Weinbau im Mittelalter

Mitten ins Rebenmeer schmiegt sich bei Zeltingen-Rachtig das Kloster Machern. Die Ursprünge des Frauenklosters reichen bis ins 11. Jahrhundert zurück. Die Lage an der Mosel und der umfangreiche Landbesitz trugen zum raschen Aufstieg von Kloster Machern bei, das in Sachen Weinbau bald eine große Bedeutung hatte. Die Zisterzienser führten Weinbau in Einzellagen ein und kelterten sortenreine Weine, was eine deutliche Qualitätsverbesserung mit sich brachte. Heute ist von der mittelalterlichen Bausubstanz nichts mehr zu sehen, denn im 18. Jahrhundert wurde das Kloster unter Äbtissin Maria von Metternich umfangreich erweitert und neu gebaut. Davon zeugen die eindrucksvolle barocke Kapelle und auch der Barocksaal. Das Kloster wurde 1802 säkularisiert und beherbergt heute neben dem Puppen-, Spielzeug- und Ikonenmuseum auch eine Gastronomie. ⓘ www.klostermachern.de

Mosellandtouristik, Kordelweg 1, 54470 Bernkastel-Kues, ✆ 06531/9733-0, ⓘ www.mosellandtouristik.de ▪ *Tourist-Information Traben-Trarbach, Am Bahnhof 5, 56841 Traben-Trarbach, ⓘ www.traben-trarbach.de ✆ 06541/83980,*

Zeltinger Hof, Kurfürstenstr. 76, 54492 Zeltingen-Rachtig, ✆ 06532/93820, ⓘ www.zeltinger-hof.de

Wein- & Gästehaus Helmut Kaufmann, Hubertusgasse 1, 54538 Kinheim, ✆ 06532/2587, ⓘ www.moselweingut-kaufmann.de ▪ *Gästehaus „Am Brunnen", Schiffergasse 20, 54538 Kinheim-Kindel, ✆ 06532/4356, ⓘ www.pension-sausen.de* ▪ *Wohnmobilstellplatz an der B 53, 54438 Kinheim*

Nächster Bahnhof ist Traben-Trarbach (RB 94 - Moselweinbahn). Entlang der Mittelmosel von Traben-Trarbach nach Bernkastel-Kues fährt die Buslinie 333. ⓘ www.vrt.info

Taxi Priwitzer, Cusanusstraße 37, 54470 Bernkastel-Kues, ✆ 06531/96970, ⓘ www.taxi-priwitzer.de ▪ *Taxi Radke, Im Hostert 7, 54536 Kröv, ✆ 06541/811020, ⓘ www.taxi-radke.de* ▪ *Taxi Hilgers, Wildbachstraße 93, 56841 Traben-Trarbach, ✆ 06541/9425*

In Lösnich kann man auf dem **Themenrundweg** *„Der Natur auf der Spur" (8 km) die Natur spielerisch entdecken. Tafeln erläutern Interessantes zu den verschiedenen Lebensräumen. ⓘ www.bernkastel.de*

▪ *In Zeltingen bietet der* **Sortengarten** *einen Überblick über wichtige Nutzpflanzen der Moselregion. Man findet dort neben Pfirsich, Mirabelle oder Esskastanie auch Exoten wie Granatapfel, Kiwi oder Maulbeere. ⓘ www.bernkastel.de*

Hunde mit guter Kondition können die Tour problemlos absolvieren. Der Zugang zu den diversen Bächen gestaltet sich aufgrund des Reliefs und üppiger Vegetation allerdings schwierig.

5 Moseltalschanzen

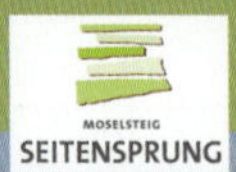

Immer am Rand lang

16.4	5h 15min	624	422	1280 1502	
km					MS2X6X5

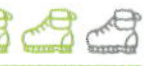

Start/Ziel: Traben-Trarbach, Moselstraße

Anfahrt: An der Mosel die B 53 nach Traben-Trarbach. Dort am Moselufer gegen Gebühr parken.

Parken: Parkplatz Traben-Trarbach Moselufer
N49° 56' 58.0'' • E7° 06' 46.0''
Moseltherme Bad Wildstein
N49° 55' 54.8''
E7° 06' 44.0''
Traver Ruh (Graacher Schäferei)
N49° 55' 51.9''
E7° 04' 57.6''

scan to go®

Wegpunkte:

P1 Traben-Trarbach
32 U 364592 5534672

P2 Bad Wildstein
32 U 364455 5532804

P3 Bischofsmütze
32 U 365183 5531388

P4 Ausblick Longkamp
32 U 364582 5530975

P5 Treffen Bärensteig
32 U 363824 5530836

P6 Aussicht Maria Zill
32 U 362381 5531904

P7 Aussicht Traver Kupp
32 U 362253 5532762

P8 Graacher Schanzen
32 U 362888 5533315

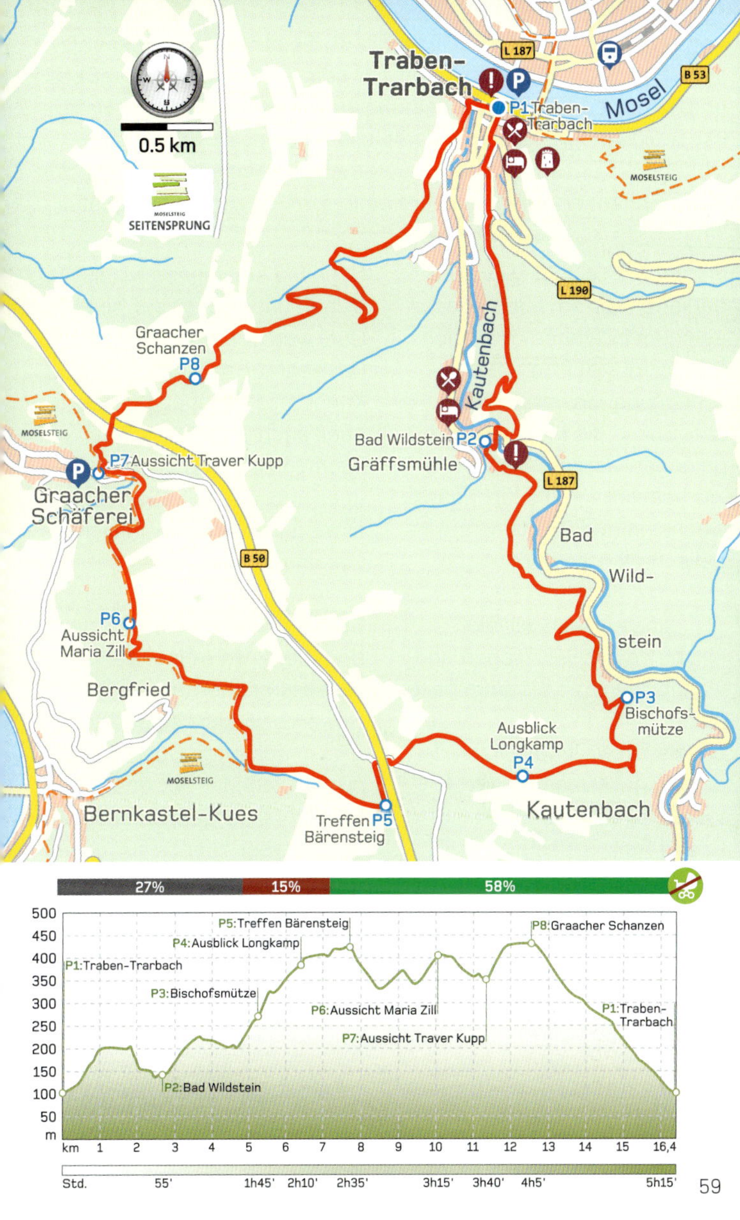

Traben-Trarbach
L 187
B 53
Mosel
P1 Traben-Trarbach
0.5 km
MOSELSTEIG
MOSELSTEIG SEITENSPRUNG
L 190
Kautenbach
Graacher Schanzen
P8
Bad Wildstein P2
Gräffsmühle
P7 Aussicht Traver Kupp
Graacher Schäferei
L 187
Bad Wild-stein
B 50
P6 Aussicht Maria Zill
P3 Bischofs-mütze
Bergfried
Ausblick Longkamp
P4
Bernkastel-Kues
Treffen Bärensteig P5
Kautenbach
27%
15%
58%
P1:Traben-Trarbach
P2:Bad Wildstein
P3:Bischofsmütze
P4:Ausblick Longkamp
P5:Treffen Bärensteig
P6:Aussicht Maria Zill
P7:Aussicht Traver Kupp
P8:Graacher Schanzen
P1:Traben-Trarbach
500
450
400
350
300
250
200
150
100
50
m
km 1 2 3 4 5 6 7 8 9 10 11 12 13 14 15 16,4
Std. 55' 1h45' 2h10' 2h35' 3h15' 3h40' 4h5' 5h15'

Von Traben-Trarbach aus erschließt dieser Weg das romantische Kautenbachtal – bekannt für seine Therme. Anschließend überschreiten wir die Moselhöhe, bevor wir entlang der Hangkante zu spektakulären Moselblicken gelangen. Kultureller Höhepunkt unterwegs ist die traumhafte Passage entlang der alten Schanzen, bevor es kurzweilig zurück zum Start geht.

In Sichtweite zum Moselufer beginnen wir am Mittelmoselmuseum in Traben-Trarbach (1) die Tour auf dem Seitensprung Moseltalschanzen. Durch die Moselstraße gelangen wir zum Markt, wo wir halb links in die Kirchgasse wechseln und Richtung evangelische Kirche aufsteigen.

Allerdings lassen wir die Kirche selbst links liegen und wandern weiter stramm bergan zum Friedhof. Auch diesen passieren wir und setzen den steilen Aufstieg nun durch Weinberge auf asphaltiertem Grund fort.

Nach **0.5 km** können wir aufatmen und rechts auf einen Querweg abbiegen, der deutlich sanfter an Höhe gewinnt. Kunstvolle Weinbergsmauern, aber auch üppige Hecken säumen den Weg, bis wir über enorm steile Weinberge hinweg wieder freie Talsicht bekommen.

Schließlich erreichen wir den Ungsberg, wo sich unser Seitensprung über enge Kehren talwärts windet. Als wir nach **1.9 km** auf einen Querweg stoßen, wenden wir uns für 20 m links bergan, dann dürfen wir aber rechts auf einen

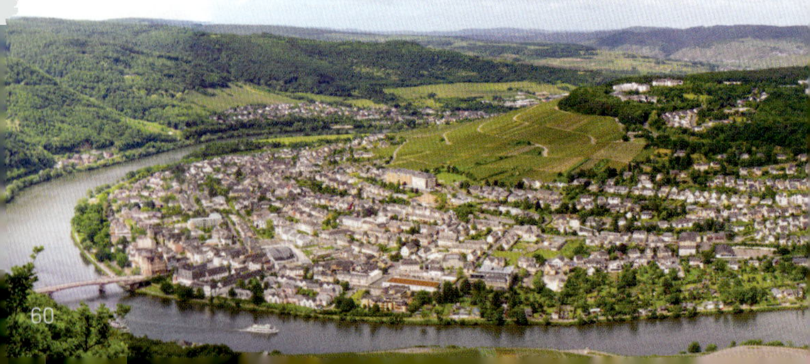

Grasweg abbiegen. Er verengt sich zum Pfad und führt uns bei bestem Blick auf das Thermalbad von Bad Wildstein mit einigen Schlenkern zum nächsttieferen Weinbergsweg hinab. Dort biegen wir links ab und wandern hangparallel unterhalb eines Weinbergs zu einem Gehölz.

Nun gabelt sich der Weg, und wir wählen den Pfad nach rechts, der uns durch den lichten Wald mit einigen Kehren hinunter ins Tal bringt. Dort queren wir die Straße und folgen dem Gehweg nach rechts.

Direkt nach dem Kautenbach biegen wir links auf den Parkplatz des Thermalbades ab und nutzen wenig später den rechts aufsteigenden Fußweg zur Therme. Unmittelbar vor der Therme (2) verlassen wir die Bebauung und wenden uns einem schmalen Pfad zu, der uns links in den Wald führt.

Wir passierten das Beachvolleyballfeld und erreichen eine Kreuzung im Wald, an der wir geradeaus laufen. Immer wieder flankieren moosbewachsene Felsen den Weg und legen Zeugnis vom steinigen Schieferuntergrund ab. Wir dringen tiefer in den lichten Hangwald ein und treffen nach **3.2 km** an einer Weggabelung ein: Hier halten wir uns links und folgen dem Elfenpfad Richtung Bad Wildstein.

Der anfangs noch bequeme Waldweg wandelt sich rasch zum echten Pfad, der uns gute Trittsicherheit abverlangt, denn steil fällt links der Hang zum Kautenbach ab.

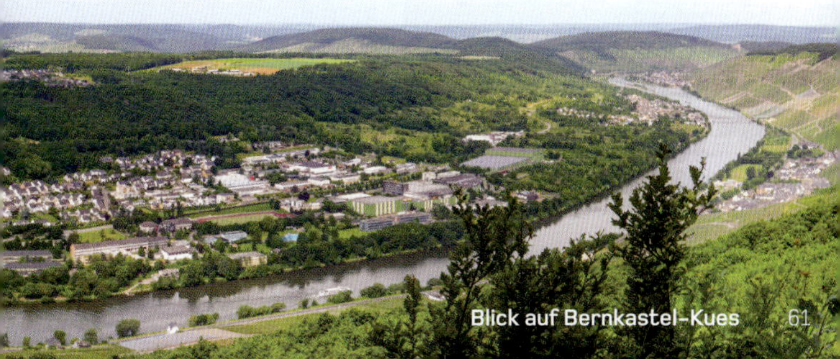

Blick auf Bernkastel-Kues

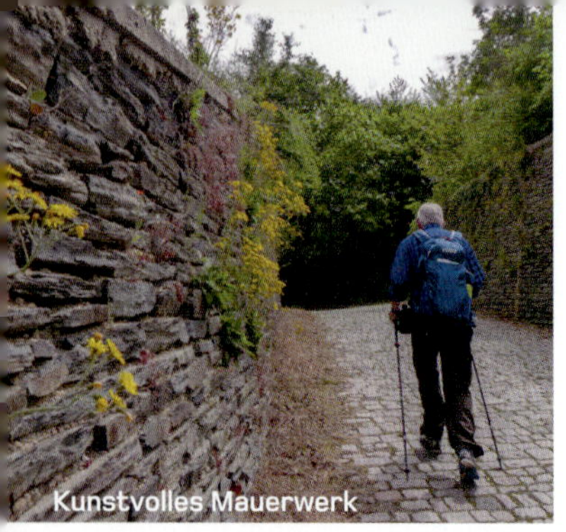
Kunstvolles Mauerwerk

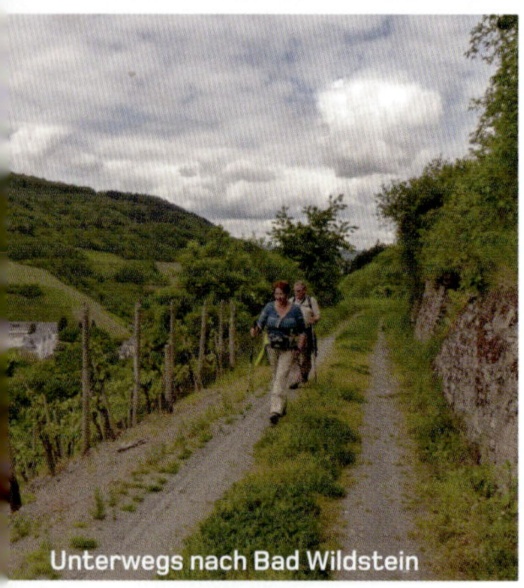
Unterwegs nach Bad Wildstein

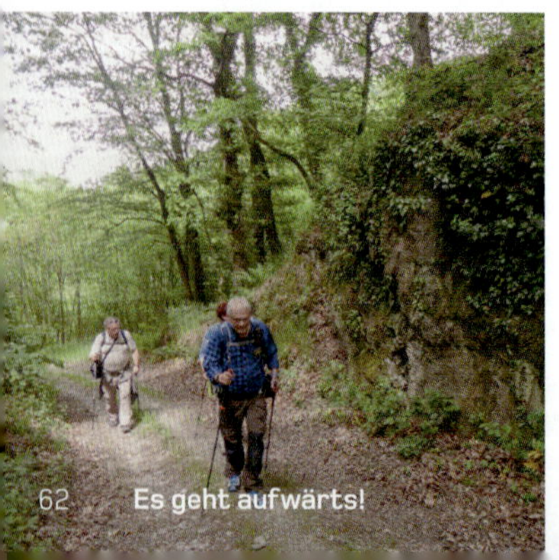
Es geht aufwärts!

Natur und Mystik begleiten uns: Schiefertafeln weisen auf Elfenwohnungen und Fabelwesen in Wurzelgestalt hin, was dieser Wegpassage zusätzliche Reize verleiht. Beäugt vom Berggeist und vom Elefantenkind biegen wir um einen Felssporn und verharren, denn aus dem grünen Hang vor uns ragt markant der Fels der Bischofsmütze auf. Nicht mehr lang, und wir werden selbst dort stehen.

Doch zunächst dringen wir tiefer in das Seitental ein und queren nach **4.4 km** den leise rieselnden Bach. Dessen Wasser vereint sich wenige Schritte später mit dem der Roten Quelle, die hier zu Tage tritt. Wir wandern zurück ins Haupttal und halten uns an einer Pfadgabelung rechts bergan.

Felsen und bemooste Stämme alter Bäume begleiten unseren Aufstieg, bis wir unvermittelt direkt unterhalb der Bischofsmütze (3) stehen. Noch zwei kleine

Kehren, dann erweisen wir dem schroffen Fels hautnah unsere Referenz.

Unser Pfad knickt erneut bergan, und Schritt für Schritt erobern wir weitere Höhenmeter. Allmählich verbreitert sich der Pfad, und der Wald wird offener und lichter. Dann treffen wir auf einen befestigten Querweg und wenden uns nach links.

Nach **5.6 km** passieren wir den alten Sportplatz von Kautenbach und biegen rechts ab. Doch lange bleiben wir nicht auf dem Forstweg, denn bei erster Gelegenheit nutzen wir einen rechts spitz abzweigenden Waldweg, um den Aufstieg fortzusetzen.

Wir passieren ein Nadelwaldareal und lassen uns auch durch einen querenden Weg nicht irritieren. Es geht weiter geradeaus bergan, und bald umhüllt uns wieder dichter Laubmischwald. Dann wird der Weg langsam flacher, und wir biegen nach **6.3 km** rechts auf einen

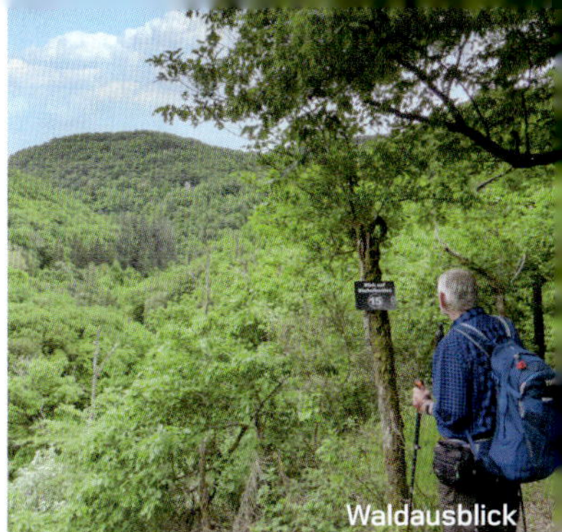

Waldausblick

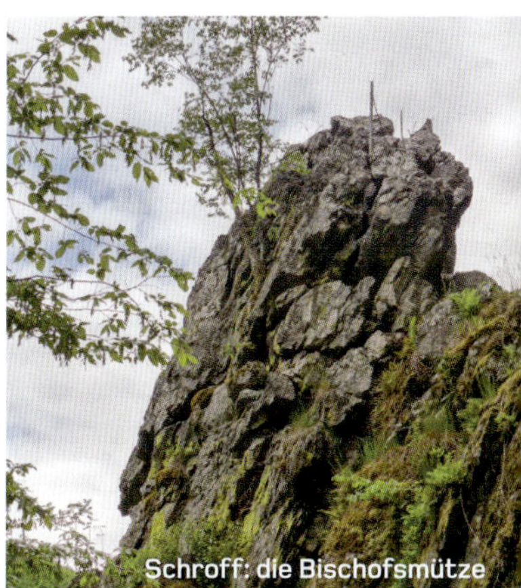

Schroff: die Bischofsmütze

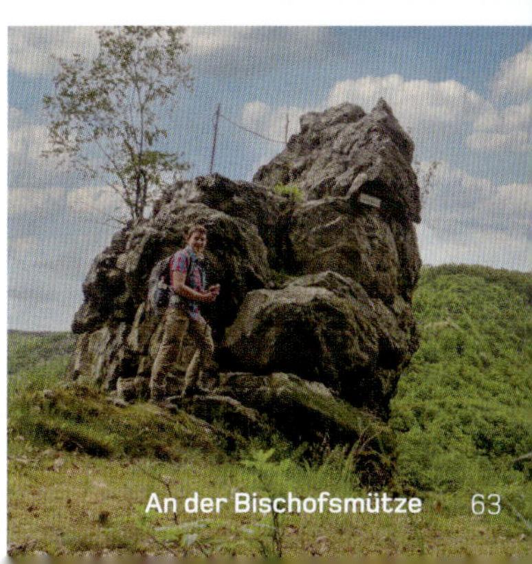

An der Bischofsmütze

Forstweg ab. Dieser führt uns wenige Schritte später aus dem Wald.

Nach der langen Waldpassage genießen wir den offenen Blick über die wogende Wiese und erkennen Longkamp und dahinter die Hunsrückhöhen. Von einer Bank (4) aus lässt sich der Blick in Ruhe genießen.

Kurz bleiben wir noch am Waldrand, doch dann gabelt sich der Weg. Wir wandern rechts auf weichem Grund wieder unters Blätterdach, lassen einen querenden Waldweg unbeachtet und treffen am Rand einer Wiese ein.

Dort ändern wir die Richtung und laufen links neben einer Nadelbaumplantage bergan. Rasch erreichen wir eine Kuppe und sehen vor uns bereits die neue B 50. An einem Asphaltweg halten wir uns rechts, unterqueren die Trasse der Bundesstraße und halten uns dann am Waldrand links.

Nach **7.7 km** dürfen wir der Straße den Rücken kehren und rechts in den Wald abbiegen. Hier treffen wir auf einen weiteren Seitensprung, den Bernkasteler Bärensteig (5), der uns nun bis zum Moselsteig begleiten wird. Gemeinsam wandern wir gemächlich abwärts und gelangen nach deutlichem Höhenverlust zu einer einladenden Sinnesbank. Anschließend folgen wir dem durch einen Quellhorizont teils etwas matschigen Weg weiter talwärts.

Nach **8.5 km** ist es dann so weit: Wir haben den Moselsteig erreicht. Der Bärensteig verabschiedet sich nach links, während wir nun gemeinsam mit dem Moselsteig rechts abbiegen und durch lichten Wald bergan laufen. Bald mausert sich der Wald immer mehr zum niederwüchsigen, aber sehr beeindruckenden Eichenwald, dessen Boden Gräser und Moose schmücken. Ab und an geben kunstvoll gefaltete Felsen Einblick in die Erdgeschichte.

Mit leichtem Auf und Ab und einigen Schlenkern genießen wir diesen Abschnitt in vollen

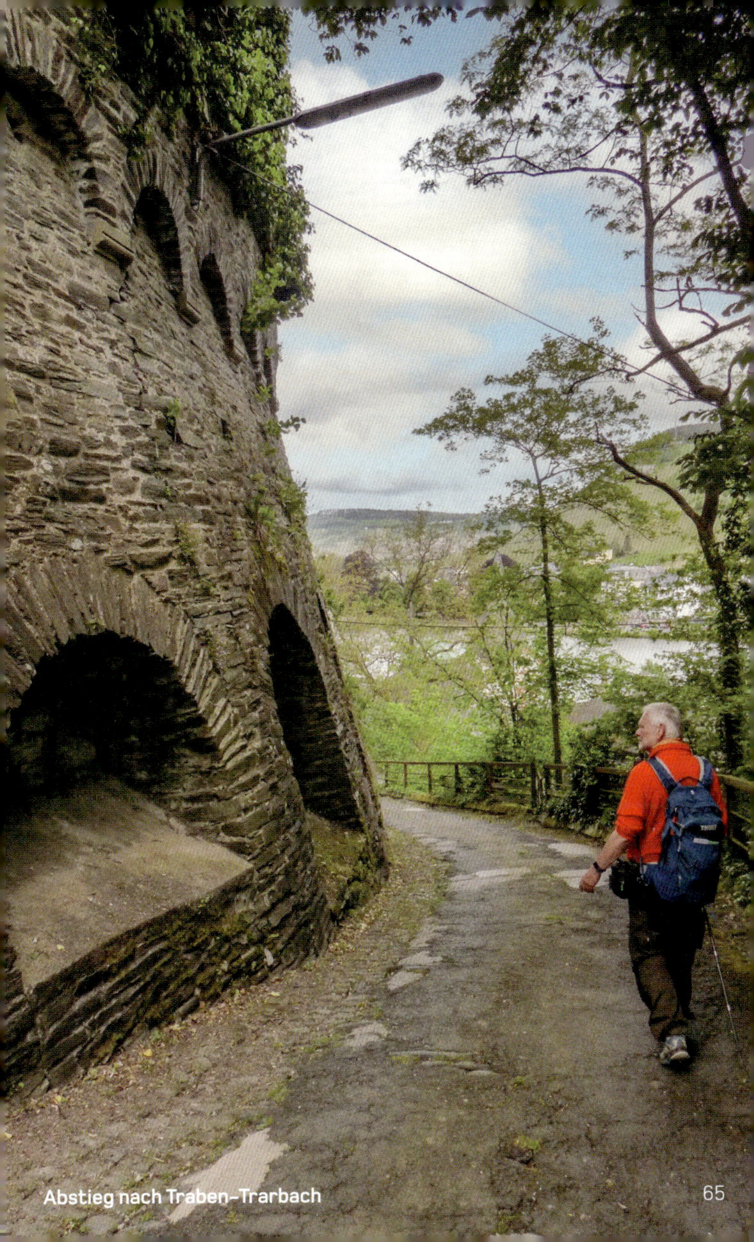
Abstieg nach Traben-Trarbach

Zügen. Nach **9.8 km** schicken uns an einer Bank die Logos rechts steil aufwärts zum nahen Waldrand. Wir erfreuen uns an der offenen Weite der Wiesen. Aber schon wenige Meter später schlägt uns die grandiose Aussicht „Maria Zill“ (6) in ihren Bann. Von der Hangkante aus liegt uns das Moseltal wie eine Modelllandschaft zu Füßen, und bei klarem Wetter erkennen wir in der Ferne bereits die Kuppen der Vulkaneifel. Und auch Bernkastel und die stolze Burg Landshut liegen perfekt im Blickfeld.

! Zeit für eine Rucksack-Rast mit bestem Panorama.

Wir folgen dem herrlich weichen Grasweg entlang der Hangkante. Eine Schutzhütte lassen wir unbeachtet und wandern mit dem Pfad zurück in den lichten Wald.

Mit einer Biegung nach rechts nähern wir uns dem Schadbachtal. Zuvor übernimmt der Nadelwald die Regie. Kurz darauf quert ein Waldweg, wir aber laufen geradeaus und überwinden mithilfe einiger Trittsteine den feuchten Grund des Bachtals, bevor wir nach **11.2 km** links abbiegen und auf eine Straße treffen. Hier trennen wir uns, unweit des Parkplatzes „Traver Ruh“, vom Moselsteig, der entlang der Straße Richtung Graach verläuft.

Wir wenden uns der rechts ansteigenden Straße zu und erreichen wenig später die herrliche Aussicht an der Traver Kupp (7). Wir reißen uns vom Anblick los und laufen noch einige Meter auf der Straße bergan, bevor wir links auf einen Pfad Richtung Graacher Schanzen abbiegen.

Rasch hüllt uns lichter Eichenniederwald ein und sorgt dafür, dass wir den Aufstieg im Schatten meistern können. Dann reißt die Kulisse auf, und wir queren auf einem Pfad und mit einer grünen Brücke die Trasse der neuen B 50. Auf der anderen Seite angelangt, folgen wir dem Pfad sogleich wieder in den Niederwald, und

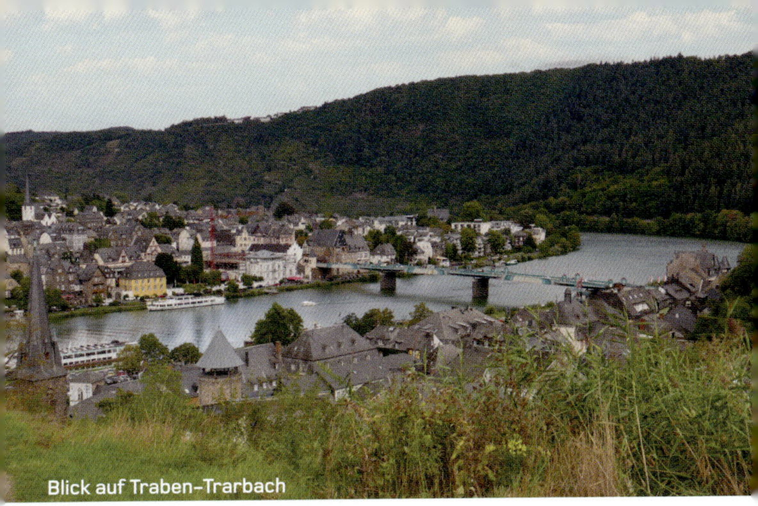

Blick auf Traben-Trarbach

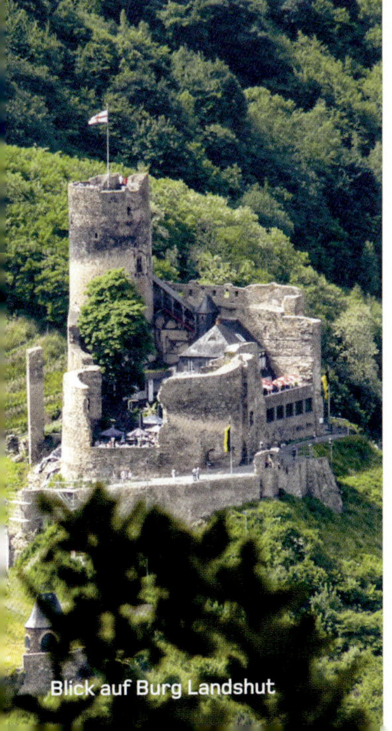
Blick auf Burg Landshut

bald fallen uns die Wälle auf, auf denen wir uns nun bewegen. Kein Zweifel, das sind die Graacher Schanzen, Relikte einer Wehranlage, die von den Preußen Ende des 18. Jahrhunderts errichtet wurde.

Mit einigen Schlenkern führen uns die verwinkelten Schanzen (8) durch den attraktiven, urigen Wald, und nach 12.6 km dürfen wir sogar in den Graben absteigen und diesem links zum nahen Waldrand folgen. Dort öffnet sich eine tolle Aussicht über offene Wiesen Richtung Moseltal und bis weit zu den Kegelbergen der Vulkaneifel.

Wir wenden uns an einem Wirtschaftsweg nach links, dürfen diesen aber schon 100 m später nach rechts verlassen. Nun ist Genusswandern pur angesagt, denn bei herrlicher Aussicht laufen

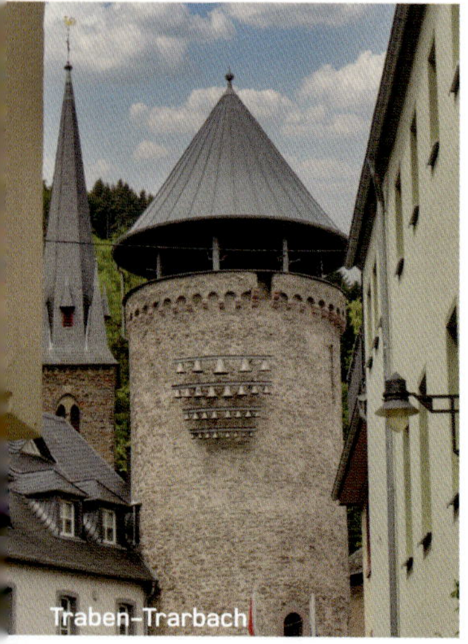
Traben-Trarbach

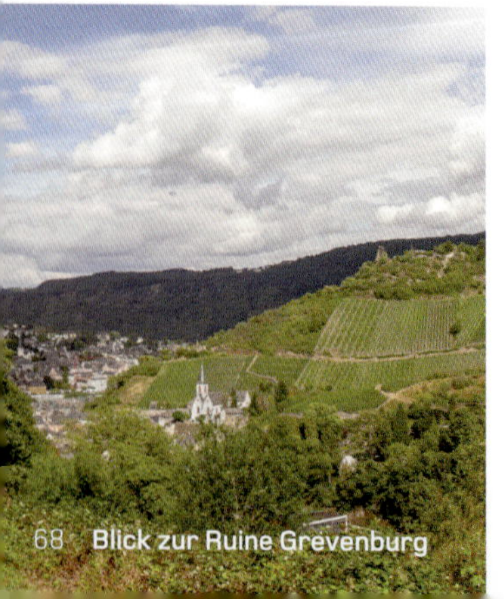
Blick zur Ruine Grevenburg

wir sanft über federnde Wiesen abwärts. Langsam rücken Hecken enger an den Weg und schließlich treten wir in den Wald ein, wo knorrige Eichen für eine besondere Atmosphäre sorgen. Kontinuierlich senkt sich unser Weg ab, auch nach einer Linkskurve verlieren wir weiter an Höhe. Am Compener Bächelchen steht nach **13.6 km** der nächste deutliche Richtungswechsel an, diesmal nach rechts.

Auf bequemem, aber deutlich abwärts führendem Waldweg wandern wir durch herrlichen Laubmischwald. An einer Bank öffnet sich nach **14 km** ein schmales Blickfenster zur Mosel und nach Traben-Trarbach, bevor sich die grüne Kulisse wieder um uns schließt. Nach deutlichem Höhenverlust treffen wir an einem Wegweiser auf einen Querweg.

Hier wenden wir uns scharf nach links und genießen das entspannende Waldwandern. Doch lange dauert es nicht, bis wir in einem Kerbtal erneut das Compener Bächelchen queren. Den rechts abzweigenden Lokalweg ignorieren wir und setzen die Tour nur noch mit leichtem Gefälle durch die Hangflanke fort. Dabei werden wir beobachtet, denn links befindet sich ein weitläufiges, umzäuntes Wildgehege, aus dem uns das Damwild aufmerksam verfolgt.

Langsam weicht der Wald zurück, und wir erhaschen erste Blicke in das Kautenbachtal. Als wir dann nach **15.2 km**, begleitet von ersten Reben, um eine sanfte Linkskurve biegen, halten wir unwillkürlich inne, denn der Blick auf Traben-Trarbach mit der Ruine der Grevenburg ist großartig.

Da stört es uns auch wenig, dass wir an einer Weggabelung geradeaus auf einem nun mit Betonspuren befestigten Weg weiterwandern, denn auf glattem Grund laufend können wir ungestört den Ausblick auskosten. Etwas tiefer passieren wir eine Sinnesbank, bevor wir endgültig in den Weinbergen ankommen.

An einer Kreuzung behalten wir die Richtung bei, freuen uns aber über eine lauschige Weinlaube, die zur Rast einlädt. Unser Weg wird pfadig und führt uns an ersten Villen vorbei talwärts, bis wir schließlich hinter dem Buddhamuseum auf den Wolfer Weg stoßen.

Wir halten uns rechts und queren wenig später die Grabenstraße. Am Mittelmoselmuseum (1) schließt sich nach **16.4 km** der Kreis dieser sportlichen, aber auch sehr vielfältigen und spannenden Tour auf dem Seitensprung Moseltalschanzen.

FAZIT

Der Weg verlangt gute Kondition und auf den Pfaden auch gute Trittsicherheit. Feste Stiefel und Stöcke sind wichtig. Unterwegs kann man in Bad Wildstein nahe der Therme einkehren.

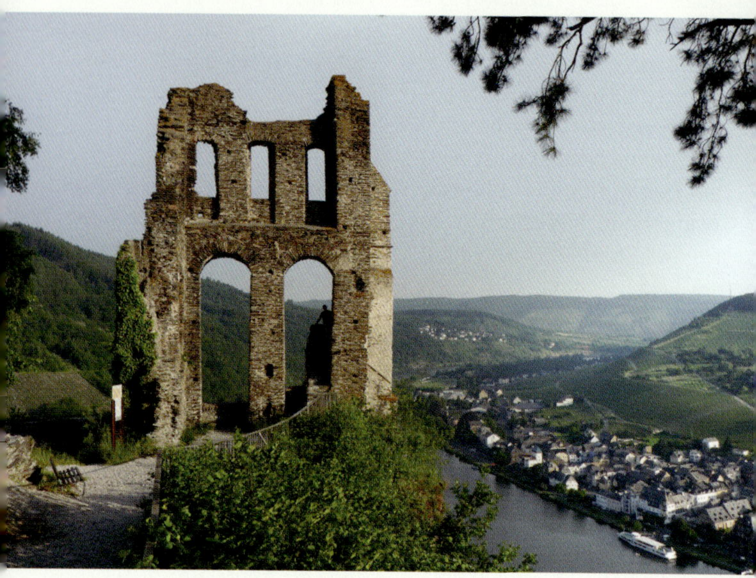

Im Bann der Geschichte

Hoch über Traben-Trarbach erinnert die Ruine der Grevenburg an die einst stolze Burg. Diese wurde um 1350 durch die Sponheimer erbaut, denen sie bis in die Mitte des 15. Jahrhunderts auch als Stammsitz diente. Die Wirren des Dreißigjährigen Kriegs führten zu zahlreichen Eroberungen und Besitzerwechseln. Die Traben-Trarbacher Bürger mussten Unterhalt für die Garnison zahlen, und nach und nach wurde die Burg wieder instand gesetzt. Doch dann kam der nächste Krieg, und französische Truppen fielen erneut ins Moselland ein. 1734 erstürmten sie die Grevenburg, deren Verteidiger sich ergeben mussten. Die Franzosen zerstörten die Grevenburg. Heute sind von der ehemaligen Burganlage nur noch Teile der Kasematten und Reste der Türme vorhanden. Die Burgruine beherbergt aktuell ein Restaurant.

ⓘ www.traben-trarbach.de

Mosellandtouristik, Kordelweg 1, 54470 Bernkastel-Kues, 06531/9733-0, www.mosellandtouristik.de ▪ Tourist-Information Traben-Trarbach, Am Bahnhof 5, 56841 Traben-Trarbach, www.traben-trarbach.de 06541/83980,

Weinhaus Hotel Gräffs-Mühle, Wildbadstraße 217, 56841 Traben-Trarbach, 06541/6331, www.graeffs-muehle.de ▪ Hotel-Weinhaus Gonzlay, Am Goldbach 3, 56941 Traben-Trarbach, 06541/8360, www.gonzlay.de

Hotel Moseltor, Moselstr. 1, 56841 Traben-Trarbach, 06541/6331, www.moseltor.de ▪ Hotel Trabener Hof, Bahnstr. 25, 56841 Traben-Trarbach, 06541/70080, www.trabener-hof.de

Traben-Trarbach ist entlang der Mosel mit Buslinie 2333 oder per Zug erreichbar. www.vrt.info.

Taxi Hehn, Köveniger Straße 54, 56841 Traben-Trarbach, 06541-810170 ▪ Taxi Hilgers, Wildbachstraße 93, 56841 Traben-Trarbach, 06541/9425

Wohlige Entspannung nach anstrengenden Wanderungen bietet die **Moseltherme** in Traben-Trarbach. Das Bad bietet verschiedene Wohlfühl-Becken, aber auch ein Sportschwimmbecken. Wildsteiner Weg, 56841 Traben-Trarbach, www.moseltherme.de, 06541-8303-0

▪ In Traben-Trarbach entführt das **Mittelmoselmuseum** in vergangene Zeiten. Auch Mittelalter-Fans kommen beim Rundgang durch die Ausstellung nicht zu kurz. Das Museum ist standesgemäß in der Barockvilla „Haus Böcking" in der Casinostraße 2 untergebracht. www.traben-trarbach.de

Hunde mit guter Kondition können diesen Seitensprung absolvieren. Unterwegs gibt es nur beim Bach an der Roten Quelle direkten Zugang zu fließendem Wasser.

6 Leiermannspfad

MOSELSTEIG SEITENSPRUNG

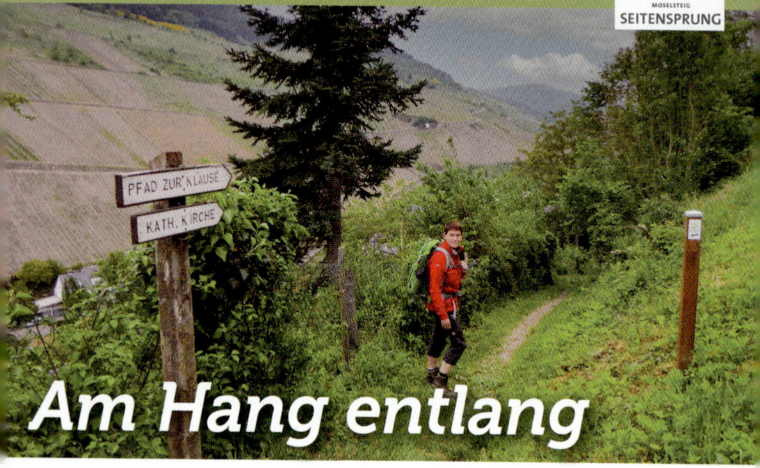

Am Hang entlang

12.6	4h	420	357	947 1112	
km		↑ ↓	▲	♀ ♂	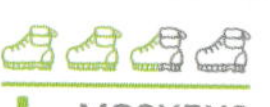 MS2X5X6

Start/Ziel: Enkirch, Parkplatz an der B 53

Anfahrt: An der Mosel über die B 53 nach Enkirch. Dann am Moselufer auf dem großen Parkplatz (neben dem Wohnmobilstellplatz) parken.

Parken: Parkplatz Enkirch B 53
N49° 59' 02.8'' • E7° 07' 17.8''

scan to go®

Wegpunkte:

P1 Parkplatz B 53
32 U 365373 5538536

P2 Off Schart
32 U 365825 5538365

P3 Tripelpunkt
32 U 365967 5538390

P4 Abzweig Starkenburger Mühle
32 U 367786 5534831

P5 Pavillon „Auf'm Rech"
32 U 366429 5535349

P6 Rastplatz
32 U 366454 5536852

P7 Rottenblickhütte
32 U 366265 5537900

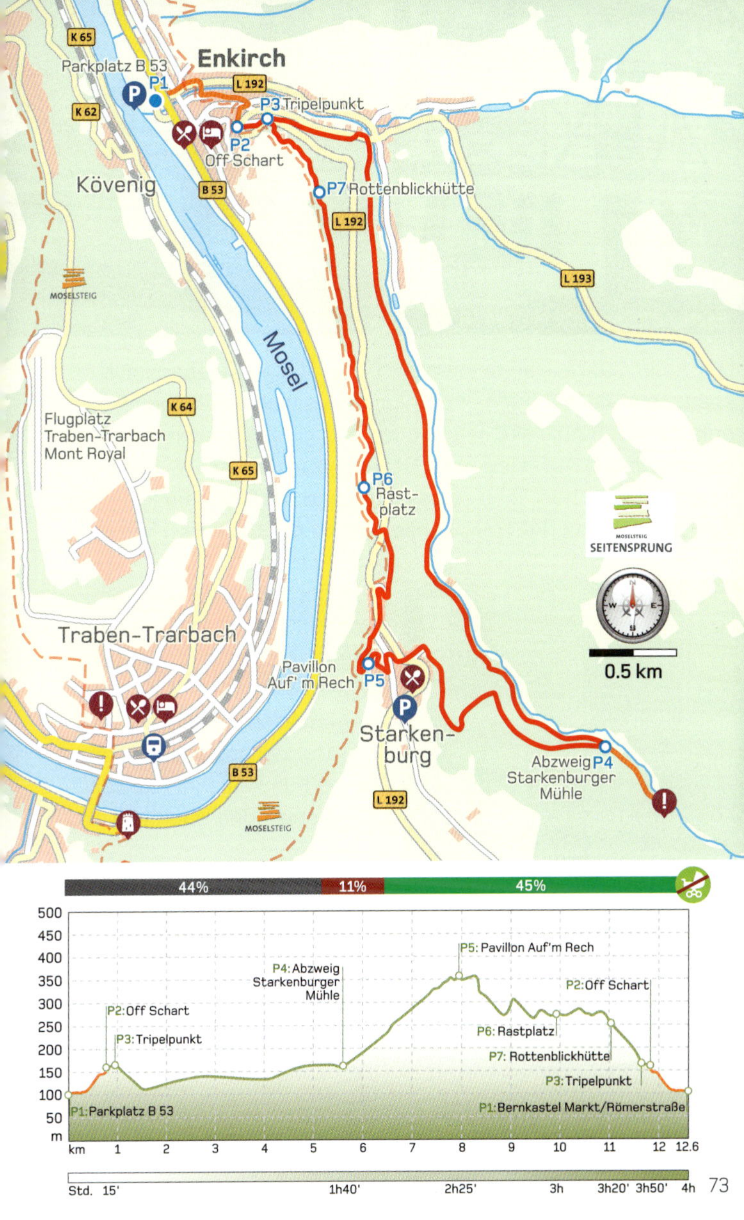

Enkirch
Parkplatz B 53
P1
K 65
L 192
K 62
P3 Tripelpunkt
P2
Off Schart
Kövenig
B 53
P7 Rottenblickhütte
L 192
L 193
MOSELSTEIG
Mosel
K 64
Flugplatz
Traben-Trarbach
Mont Royal
K 65
P6
Rast-
platz
MOSELSTEIG
SEITENSPRUNG
Traben-Trarbach
Pavillon
Auf' m Rech
P5
0.5 km
Starken-
burg
Abzweig P4
Starkenburger
Mühle
B 53
L 192
MOSELSTEIG
44%
11%
45%
500
450
400
350
300
250
200
150
100
50
m
P2: Off Schart
P3: Tripelpunkt
P1: Parkplatz B 53
P4: Abzweig
Starkenburger
Mühle
P5: Pavillon Auf'm Rech
P6: Rastplatz
P7: Rottenblickhütte
P2: Off Schart
P3: Tripelpunkt
P1: Bernkastel Markt/Römerstraße
km 1 2 3 4 5 6 7 8 9 10 11 12 12.6
Std. 15' 1h40' 2h25' 3h 3h20' 3h50' 4h

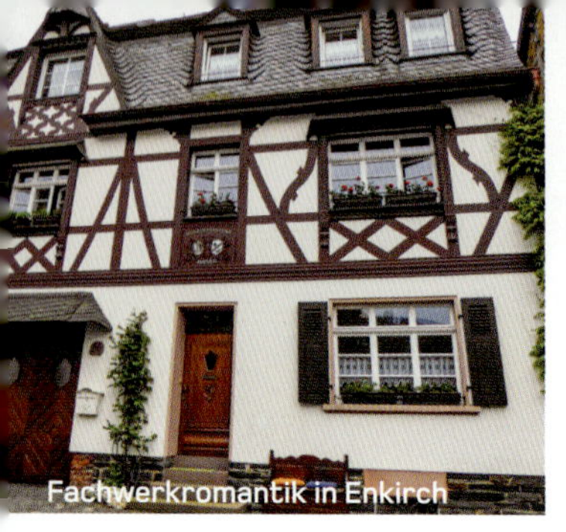
Fachwerkromantik in Enkirch

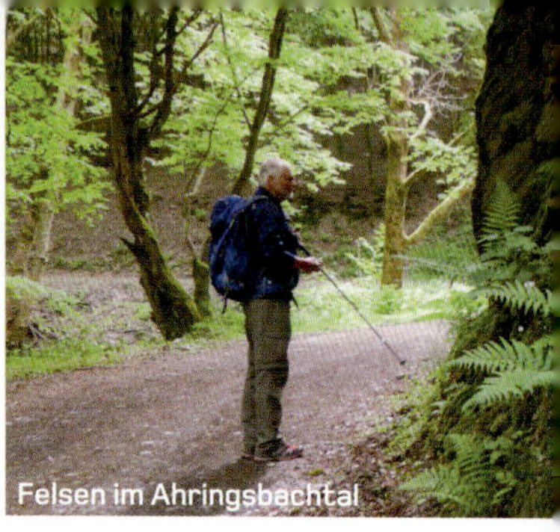
Felsen im Ahringsbachtal

Der Leiermannspfad präsentiert uns den Moselabschnitt zwischen Starkenburg und Enkirch aus vielschichtiger Perspektive: Zum Auftakt erleben wir das ruhige Ahringsbachtal, bevor wir den Aufstieg nach Starkenburg meistern. Dort erwarten uns herrliche Aussichten und ein traumhafter Pfad, der uns entlang der Hangkante zurück nach Enkirch bringt.

Vorbemerkung: Eigentlich startet der Leiermannspfad mitten in Enkirch an der Kreuzung „Off Schart". Da man dort aber nur begrenzt parken kann, ist es sinnvoll, die Tour am großen Parkplatz an der B 53 zu beginnen.

Am Parkplatz zwischen B 53 und Moselufer (1) weist uns bereits der erste Moselsteig-Zuweg-Wegweiser den Weg unter der B 53 hindurch in den Ort. Dort treffen wir an der Kreuzung von „Am Steffensberg" und „Im Bungert" auf den Moselsteig, dem wir nun zunächst Richtung Traben-Trarbach folgen. Dazu laufen wir geradeaus durch „Am Steffensberg", bis uns die Markierung rechts auf einen Fußweg zum munter plätschernden Bach schickt.

Wir queren den Bach und wenden uns nach dem ersten Haus links dem Talweg zu. Schon wenige Meter später biegen wir rechts auf einen ansteigenden Fußpfad Richtung Oberdorf ab. Mitten durch üppiges Grün gewinnen wir erste Höhenmeter und

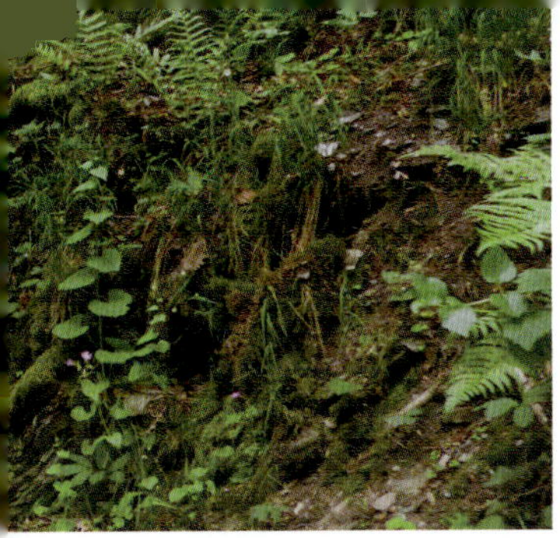

Herzige Rebenerziehung

gelangen zur Priesterstraße, der wir rechts ins Oberdorf folgen. Dort biegen wir links auf die Backhausstraße ab, passieren einige altehrwürdige Winzerhäuser und treffen nach **0.8 km** an der Portaltafel am Platz „Off Schart" (2) ein.

> **Noch immer bleiben wir auf dem Moselsteig, doch nun leitet uns auch das grüne Seitensprung-Logo.** !

Wir laufen durch die Thonesstraße weiter bergan und wenden uns an der Sponheimer Straße nach links. Kurz vor dem Ortsschild biegt an einem Wegweiser der Moselsteig rechts ab. Hier werden wir später die Runde des Leiermannspfads schließen (3).

Aber nun trennen wir uns erst mal vom Moselsteig und wandern geradeaus ein Stück entlang der Straße ins Großbachtal. Bald dürfen wir die Straße verlassen und links auf einen Naturweg abbiegen. Rasch übernimmt die Natur die Regie, und wir freuen uns an den unzähligen Grünschattierungen, die im Frühsommer eine tolle Kulisse bilden. Ab und an erhaschen wir Blicke zum gegenüberliegenden Steilhang, wo sich neben ordentlichen Rebzeilen auch Hecken mit Ginstern ausbreiten und im Mai und Juni gelbe Farbtupfer setzen.

Langsam senkt sich der Weg ab und trifft nach **1.5 km** an der altehrwürdigen Klosterkirche erneut auf die Sponheimer Straße. Wir laufen an der Kirche aus dem 11. Jahrhundert vorbei und biegen gleich danach rechts auf einen Forstweg ab. Mit jedem Schritt auf dem leicht ansteigenden Weg verklingt das quirlige Treiben Enkirchs etwas mehr. Und spätestens als die letzten Häuser Enkirchs hinter uns liegen, dominieren die Geräusche der Natur.

Neben dem wohltönenden Gezwitscher der Vögel ist auch das leise, langsam anschwellende Murmeln des Ahringsbachs immer deutlicher wahrzunehmen. Wir kommen auf dem bequemen Talweg bestens voran, und allmählich rückt der begleitende Ahringsbach auch optisch in den Fokus.

An der Ahringsmühle steht nach **4.1 km** ein Rastplatz zur Pause im Grünen bereit, was wir gerne annehmen. Anschließend setzen wir den Aufstieg durch das Tal weiter fort und genießen den steten Wechsel verschiedener Waldzonen und eine besonders reizvolle Talwiese mit einer beeindruckenden Solitär-Erle.

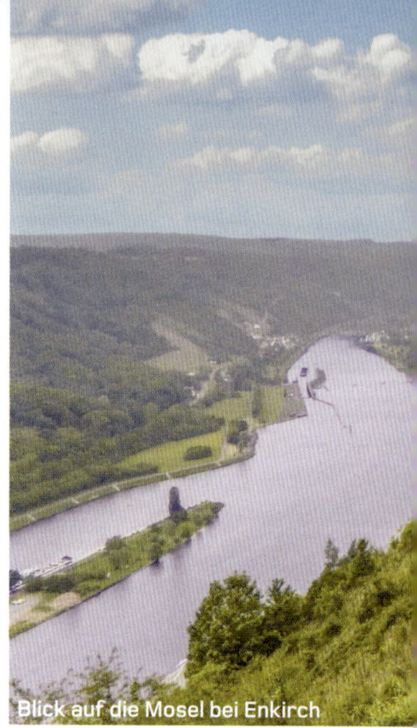

Blick auf die Mosel bei Enkirch

Kurz darauf erreichen wir nach **5.6 km** die Spitzkehre (4) unweit der Starkenburger Mühle.

> **!** Hier lohnt sich ein Abstecher zur nur 400 m entfernten Oberen Starkenburger Mühle, die nicht nur ein Kulturdenkmal aus der fast vergessenen Zeit des Müllerwesens im Tal ist, sondern auch einen idyllischen Rastplatz zum Naturpicknick bietet.

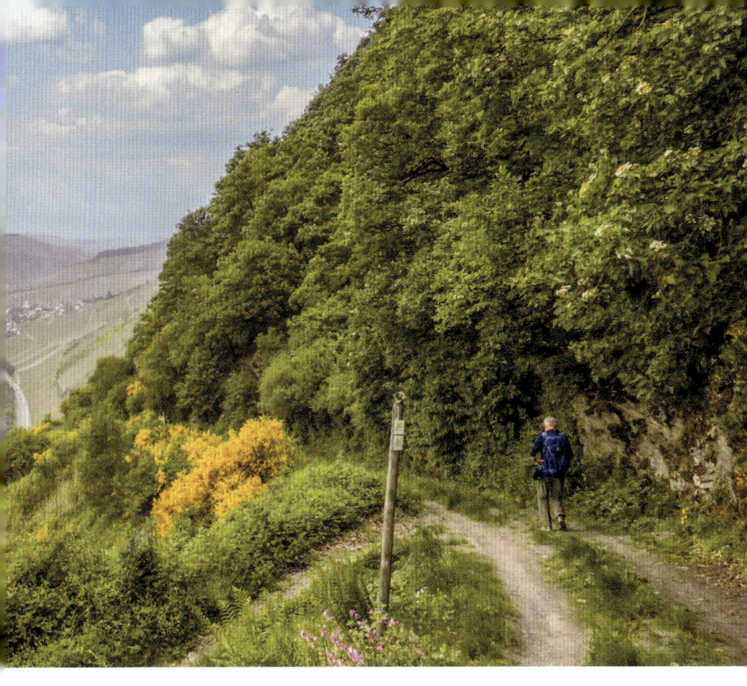

Der Leiermannspfad selbst biegt hier jedoch scharf rechts ab. Durch hochgewachsenen Mischwald erobern wir nun deutlich Höhe. Nach einer Linkskurve an einer Felsnase wird die Steigung spürbar strammer.

Aber als ein Seitental gequert wird, bietet eine Bank Gelegenheit zum Verschnaufen. Nun flacht der Weg wieder etwas ab und führt nur noch moderat bergan.

Nach **7.3 km** ist es dann so weit, wir biegen links um eine Kurve und verlassen den Wald. Auf asphaltiertem Grund laufen wir zu den ersten Häusern von Starkenburg hinauf und treffen an der Schlossstraße ein.

Hier laufen wir geradeaus in die Lorettastraße und nutzen einen kleinen Treppenpfad nach links, um direkt zur Sponheimer Straße zu gelangen. Wir wenden uns erneut nach links und laufen an den beiden schön hergerichteten, offenen Backhäusern des Ortes weiter aufwärts. Dann ist etwas Aufmerksamkeit notwendig, um den scharfen Knick nach rechts auf den Trengweg nicht zu verpassen.

An der Gabelung von Trengweg und „Auf'm Rech" laufen wir geradeaus weiter, passieren das einladende Restaurant „Hüttenzauber", bevor wir am Ende der Straße rechts auf einen Fußweg abbiegen. Der führt uns mitten durch die Gärten zu einem querenden Weg. Hier halten wir uns links, und nach **8 km** stehen wir am Pavillon „Auf'm Rech" **(5)** und sind überwältigt von der Panoramaaussicht, die sich vor uns ausbreitet.

Uns zu Füßen liegt die Moselschleife von Traben-Trarbach, der Blick schweift zur Ruine Grevenburg und nach Traben-Trarbach und von dort weiter über den Mont Royal, hinter dem sich in der Ferne die Silhouette der Ruine Wolf abzeichnet. Flußab erspähen wir die Schleuse von Enkirch.

Mühsam reißen wir uns von dem Blick los und folgen dem schmalen Pfad von der Hütte nach links in den niedrigen Hangwald. Nach kurzem Abstieg treffen wir an einem Wegweiser auf den Moselsteig, der uns nun bis zum Ende begleiten wird.

Wir biegen scharf rechts ab und wandern auf herrlichem Pfad durch den Wald. Doch schon bald öffnet sich die Blattkulisse, und wir stehen auf einem gepflegten Wiesenplatz. Hierbei handelt es sich um den ehemaligen Schulturnplatz. Heute lädt ein uriger Schieferrastplatz zum Verweilen ein.

Wir laufen über die Wiese und gelangen über einen Treppenpfad erneut nach Starkenburg. Der Fußweg geleitet uns abwärts zur Schloßstraße, der wir links bergab in den Ortskern folgen. Wir passieren die kleine Pilgerkirche und einen weiteren Gastgeber, bevor wir rechts auf „Im Haag" abbiegen und rasch zurück in die Natur kommen. Wir folgen dem Weg um eine Linkskurve

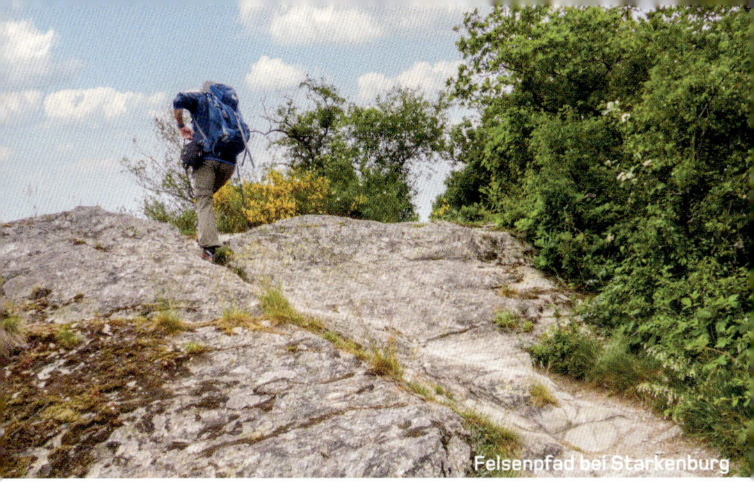

Felsenpfad bei Starkenburg

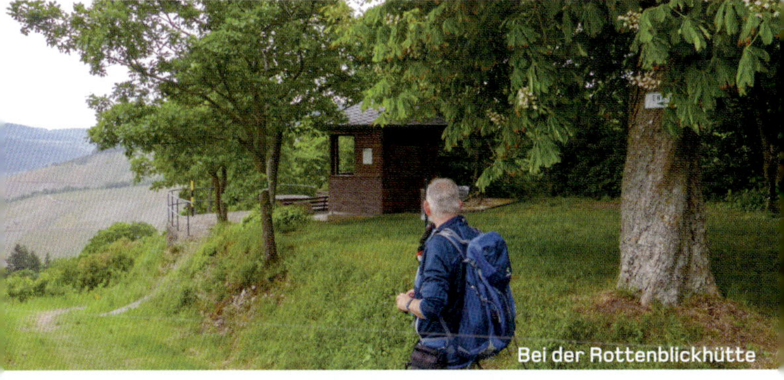

Bei der Rottenblickhütte

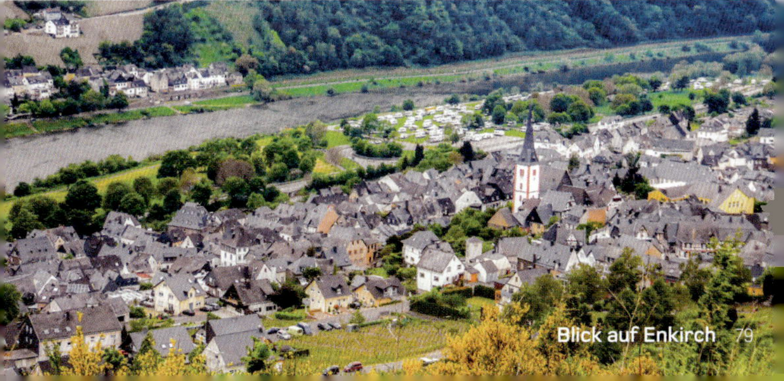

Blick auf Enkirch

und verlieren etwas an Höhe. In einer Senke gabelt sich der Weg, und die Logos schicken uns auf die linke, wieder ansteigende Route.

Nach **9 km** treffen wir auf die Sponheimer Straße, die wir vorsichtig und rasch queren. Auf der anderen Seite steigt der „Geißbergpfad" noch etwas an, bevor er uns an einer Wegkreuzung aus dem Wald entlässt. Der Seitensprung biegt mit dem Moselsteig halb rechts auf den unteren der beiden Wege ab und verliert sanft an Höhe. Dabei ergeben sich grandiose Ausblicke ins Moseltal.

Als wir die ersten Rebzeilen erreichen, schwingt sich der Weg wieder bergan, und bald haben wir den Grat an der Hangkante erreicht. Pfadig winden sich Moselsteig und Leiermannspfad durch die Gehölze, bis wir an der Straße eintreffen. Unser Pfad läuft kurz parallel, bevor er links abbiegt. Wir freuen uns über die abwechslungsreiche Wegführung, die immer wieder mit herrlichen Ausblicken zur Mosel aufwartet. Nach **9.9 km** steht an der Hangkante zudem ein Rastplatz **(6)** zur Pause bereit, während der wir das Treiben im Bootshafen und in der Schleuse Enkirch genau im Auge behalten können.

Im weiteren Verlauf unterhalten uns Leiermannspfad und Moselsteig mit Wandergenuss auf sprichwörtlich höchstem Niveau. Auf tollem, teils felsigem Pfad folgen wir der Hangkante, wechseln mal in Gehölze, mal in offenes Umfeld und werden dabei mit sagenhaft schönen Aussichten überrascht. Eine davon befindet sich kurz nach dem Abzweig auf den „Ammenpfad" sogar auf einer Felsenkanzel.

! Da es viele Rastgelegenheiten gibt, reduziert sich auf dieser Strecke unser Wandertempo deutlich.

Die häufigen Weggabelungen überstehen wir dank guter Markierung alle problemlos und können uns daher ganz dem Genuss von Weg und Landschaft widmen.

Nach **10.9 km** passieren wir die gepflegte Hütte des Winzervereins Enkirch nebst Kräutergarten, bevor wir wieder offenes Terrain erreichen. Voraus sehen wir mittlerweile deutlich unser Ziel Enkirch. Der Abstieg dorthin beginnt an der Rottenblickhütte (7). Wir queren hier einen Asphaltweg und nutzen dann den links neben der Schutzhütte absteigenden Pfad.

Der führt uns mit einigen Schlenkern über Querwege hinweg stets den Grat des Berges abwärts. Nach **11.7 km** treffen wir im Oberdorf von Enkirch wieder auf die Sponheimer Straße (3), wo sich der Kreis unseres Seitensprungs schließt. Wir wenden uns nach links und biegen dann rechts in die Thonesstraße ab. Diese bringt uns wieder zu „Off Schart" (2), von wo wir über die Kirchstraße rechts zur Backhausstraße wandern. An deren Ende biegen wir rechts in die Priesterstraße und wenig später links auf den Mühlweg ab.

Über die bereits bekannte Spitzkehre biegen wir links auf den Fußweg ins Unterdorf ab. Dort halten wir uns nach dem ersten Haus rechts und queren den Bach. Nun befinden wir uns wieder in der Straße „Am Steffensberg" und laufen links Richtung Mosel. Der Moselsteig verabschiedet sich von uns, und wir laufen zur nahen B 53 und treffen nach **12.6 km** nach einer sehr aussichtsreichen Rundtour wieder am Parkplatz am Moselufer (1) ein.

FAZIT

Der Leiermannspfad verläuft anfangs auf bequemen Waldwegen. Ab Starkenburg dominieren schmale, teils felsige Pfade, die gute Trittsicherheit verlangen. Feste Schuhe und Wanderstöcke sind daher sinnvoll.

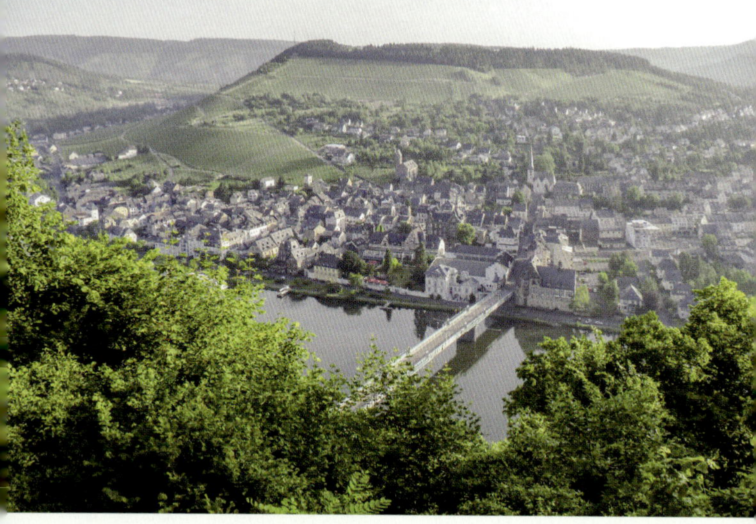

Erbe des Sonnenkönigs

Auf Befehl Ludwig XIV. wurde Ende des 17. Jahrhunderts auf dem Moselhang oberhalb von Traben eine riesige Festung erbaut – die Festung „Mont Royal". Lange konnte die damals modern konstruierte Festung jedoch nicht glänzen, denn nach dem Friedensschluss mit Holland und England sollte Frankreich die Festung den ehemaligen Feinden überlassen. Um das zu verhindern, zerstörten die Franzosen lieber selbst ihre kaum fertiggestellte Anlage. Daher können wir heute nur noch anhand der wenigen Relikte von Kasematten, Gewölben und Mauern erahnen, welch gigantische Ausmaße die Festung einst gehabt hat. Anfang des 20. Jahrhunderts fanden erste Ausgrabungen statt. Die Funde aus dieser Zeit und auch umfangreiche Festungspläne sind heute im Mittelmosel Museum in Traben-Trarbach ausgestellt. ⓘ *www.traben-trarbach.de*

Mosellandtouristik, Kordelweg 1, 54470 Bernkastel-Kues ✆ 06531/9733-0 ⓘ www.mosellandtouristik.de ▪ Tourist-Information Traben-Trarbach, Am Bahnhof 5, 56841 Traben-Trarbach, ⓘ www.traben-trarbach.de ✆ 06541/83980

Gasthaus Zum Weinstock, Weingasse 5, 56850 Enkirch ✆ 06541/6237 ▪ Restaurant Hüttenzauber, Auf'm Rech 21, 56843 Starkenburg ✆ 06541/814980

Hotel Steffensberg, Brunnenplatz 1, 56850 Enkirch ✆ 06541/813960 ⓘ www.hotel-steffensberg.de

Enkirch ist von Traben-Trarbach oder Bullay (dort gibt es einen Bahnhof) aus mit der Buslinie 333 zu erreichen. ⓘ www.vrt.info.

Taxi Hehn ✆ 06541/810170

Abenteuer in den Wipfeln verspricht der **Adventure Forest** *in Traben-Trarbach. Je nach Wagemut (oder Alter bei Kindern und Jugendlichen) können verschieden schwierige Parcours gemeistert werden. Im Eintrittspreis sind die Leihgebühr für die Kletterausrüstung und eine Sicherheitseinweisung enthalten. Mosel Adventure Forest Climb to Success, Mont Royal, 56841 Traben-Trarbach ✆ 06541/817772 ⓘ www.adventureforest.de*

▪ *Die Obere* **Starkenburger Mühle** *ist einen Abstecher wert. Nach 5.6 km zweigt vom Leiermannspfad ein rund 400 m langer Zuweg dorthin ab. Die Mühle im Ahlingsbachtal ist noch völlig funktionstüchtig und kann nach Absprache auch innen besichtigt werden. Vor gut 200 Jahren wurde sie von einer Mühlengesellschaft erbaut, deren heutige Mitglieder sich um die Instandhaltung und das Brauchtum kümmern. ⓘ www.starkenburg-mosel.de*

Hunde können den Leiermannspfad problemlos bewältigen. Unterwegs gibt es allerdings keinen direkten Zugang zum Wasser.

7 Briedeler Schweiz

MOSELSTEIG SEITENSPRUNG

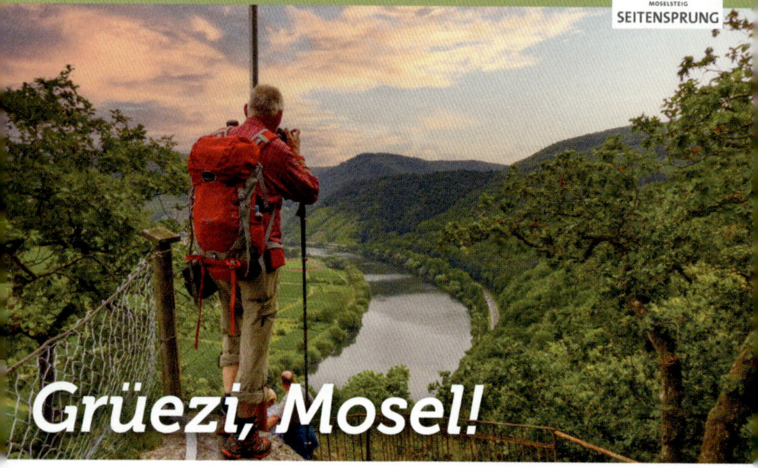

Grüezi, Mosel!

10.8	3h 30min	346	348	808 948	
km		↑ ↓			MS2X4X7

Start/Ziel: Balduinplatz, Briedel

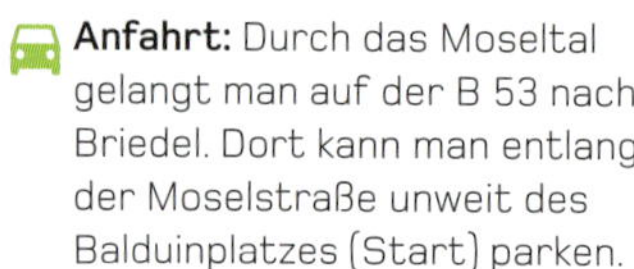

Anfahrt: Durch das Moseltal gelangt man auf der B 53 nach Briedel. Dort kann man entlang der Moselstraße unweit des Balduinplatzes (Start) parken.

Parken: Moselstraße Briedel
N50° 01' 23.4'' • E7° 09' 01.8''
Parkplatz Sündhaus an der K 52

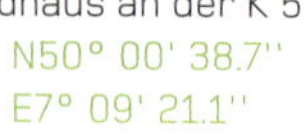

N50° 00' 38.7''
E7° 09' 21.1''

scan to go®

Wegpunkte:

P1 Balduinplatz
32 U 367519 5542845

P2 Tripelpunkt
32 U 367462 5542247

P3 Hindenburglay
32 U 367844 5541806

P4 Beinter Kopf
32 U 369529 5541639

P5 Schöne Aussicht
32 U 368758 5540961

P6 Wilhelmshöhe
32 U 368163 5541365

P7 Sündhaus
32 U 367870 5541456

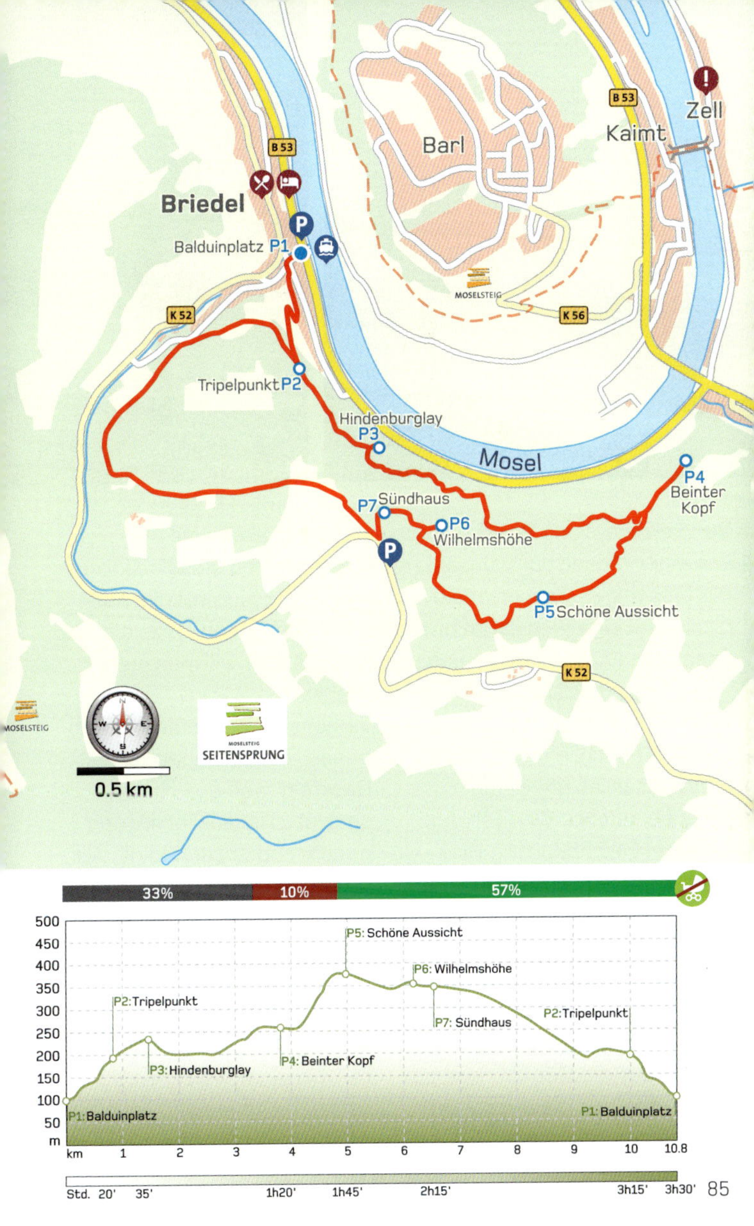

Briedel
Balduinplatz P1
B 53
K 52
Barl
Kaimt
Zell
MOSELSTEIG
K 56
Tripelpunkt P2
Hindenburglay
P3
Mosel
P4
Beinter
Kopf
P7 Sündhaus
P6
Wilhelmshöhe
P5 Schöne Aussicht
K 52
MOSELSTEIG
MOSELSTEIG
SEITENSPRUNG
0.5 km
33%
10%
57%
500
450
400
350
300
250
200
150
100
50
m
P1: Balduinplatz
P2: Tripelpunkt
P3: Hindenburglay
P4: Beinter Kopf
P5: Schöne Aussicht
P6: Wilhelmshöhe
P7: Sündhaus
P2: Tripelpunkt
P1: Balduinplatz
km
1
2
3
4
5
6
7
8
9
10
10.8
Std. 20'
35'
1h20'
1h45'
2h15'
3h15'
3h30'

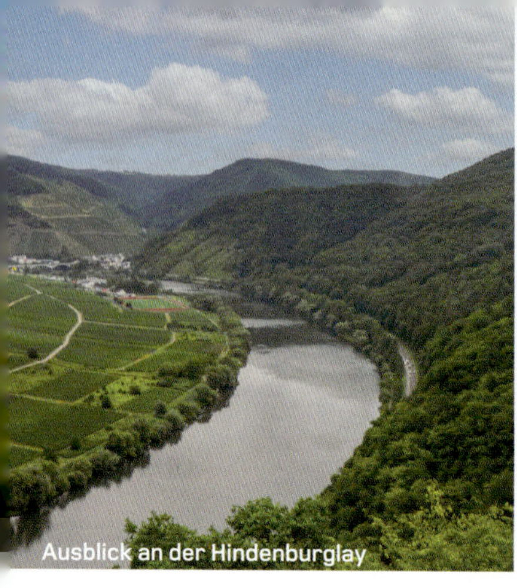
Ausblick an der Hindenburglay

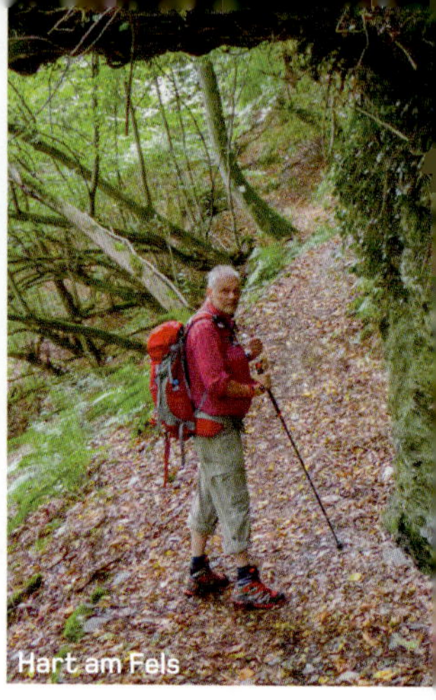
Hart am Fels

Der Seitensprung Briedeler Schweiz bietet alles, was man sich von einer Moseltour wünscht: ein uriges kleines Moselstädtchen mit lauschigen Gassen und einladenden Gastwirten, tolle Ausblicke und eine Vielzahl an beeindruckenden Felsen. Dazu gibt es noch tolle Pfadpassagen und urigen Wald: Was will man mehr?

Direkt am Moselufer, unweit der Anlegestelle der Briedeler Fähre, startet am Balduinplatz (1) unsere Wanderung auf dem Seitensprung Briedeler Schweiz. Wir folgen der engen Balduinstraße vorbei an einigen uralten Fachwerkhäusern zur Hauptstraße, wo wir uns nach links wenden. Bei erster Gelegenheit biegen wir rechts auf die Sündstraße ab und laufen auf dieser stramm bergan zum Ortsrand.

Je höher wir kommen, desto besser rückt die Mosel ins Blickfeld, was uns für diese erste Herausforderung gebührend entschädigt. Wir passieren einen Wendeplatz und treffen am Waldrand auf einen querenden Asphaltweg.

Hier biegen wir scharf rechts ab, um jedoch nur 80 m später mit einer weiteren Spitzkehre (diesmal nach links) dem Asphalt den Rücken zu kehren

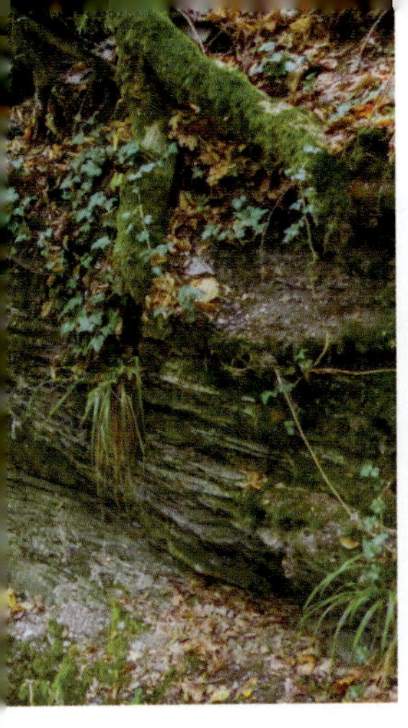

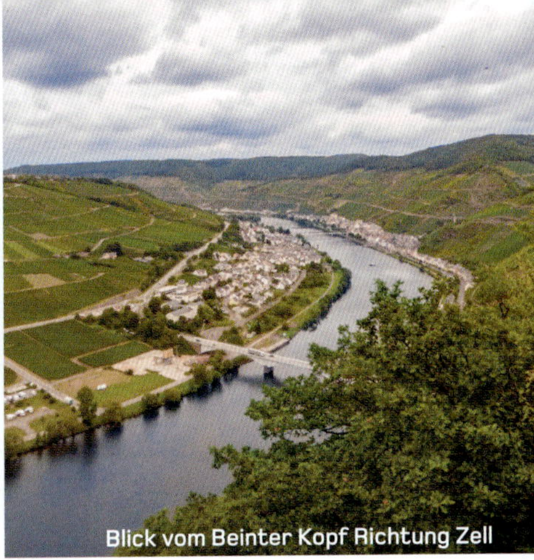

Blick vom Beinter Kopf Richtung Zell

und auf grasigem Weg in den Wald aufzusteigen.

Bald umgibt uns dichte Vegetation, und es geht stetig aufwärts. Kurz nachdem wir die dritte Kreuzwegstation passiert haben, ist nach **0.8 km** an einem Wegweiser eine Entscheidung gefragt: Wir haben den Tripelpunkt (2) der Runde erreicht.

Da wir die Tour im Uhrzeigersinn wandern möchten, wenden wir uns nun nach links Richtung Hindenburglay. Am Ende der Runde werden wir von der Kaiserlay wieder an diesen Punkt zurückkommen.

Wir laufen also nach links und gewinnen weiter an Höhe. An einer Weggabelung halten wir uns wieder links. Es geht nun nur noch sehr gemächlich bergan, und bei der nächsten Verzweigung dürfen wir links fast eben weiterlaufen. Dann ragen rechts plötzlich mächtige Felsen aus dem üppigen Grün des Waldes auf und geben uns einen ersten Eindruck, warum der kommende Wegabschnitt „Briedeler Schweiz" heißt – Grüezi, Mosel!

Zusammen mit dünnem Junggehölz und schwingenden Lianen der Waldrebe ergibt sich eine zauberhafte Atmosphäre, die unsere Fantasie anregt und uns beschwingt weiterwandern lässt. Wenig später reißt linker Hand die grüne Kulisse für einen Moment auf, und wir erhaschen einen kurzen Blick auf die Mosel und die steilen Weinberge des anderen Ufers. Nur einige Schritte später dominieren wieder vielstufiger Wald und schroffe Felsen den Wegsaum.

Nach **1.5 km** erspähen wir zunächst einige filigrane Pfosten, dann das geschwungene Dach und schließlich die gesamte Schutzhütte an der Hindenburglay **(3)**. Magisch zieht uns hier die 30 m weiter links befindliche Felsklippe an, wo wir aus luftiger Höhe den Blick übers Moseltal schweifen lassen. Nicht nur Briedel mit der emsig pendelnden Fähre, sondern auch Barl und Zell liegen perfekt im Blick.

Nach dieser aussichtsreichen ersten Rast sind wir gut gerüstet für die nächste Herausforderung: Unser Weg verengt sich zum idyllischen Pfad und führt uns mitten hi-

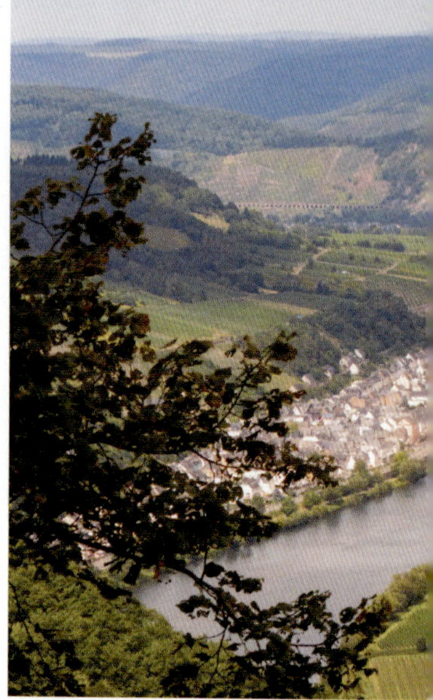

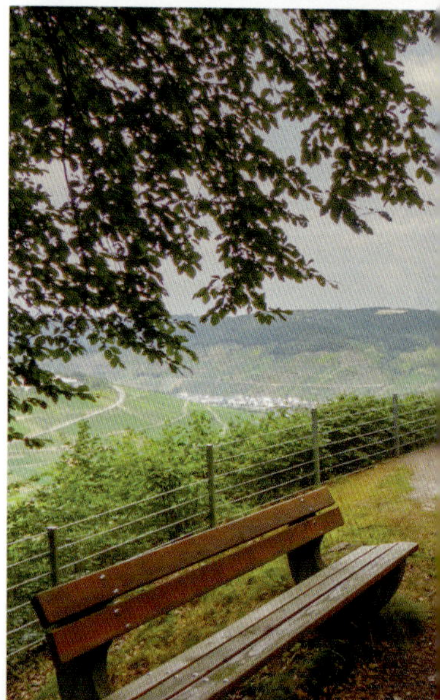

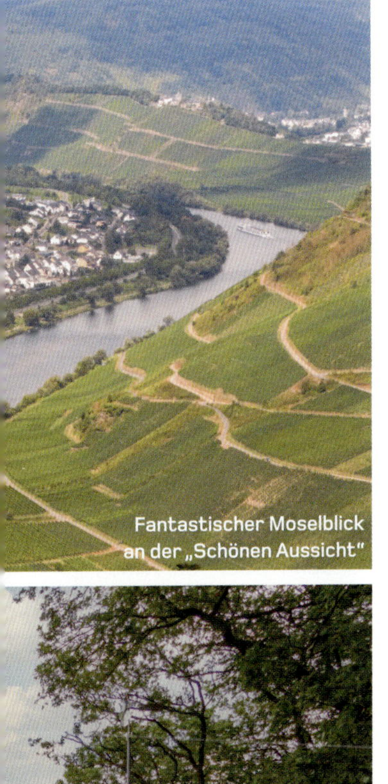

Fantastischer Moselblick an der „Schönen Aussicht"

An der Wilhelmshöhe

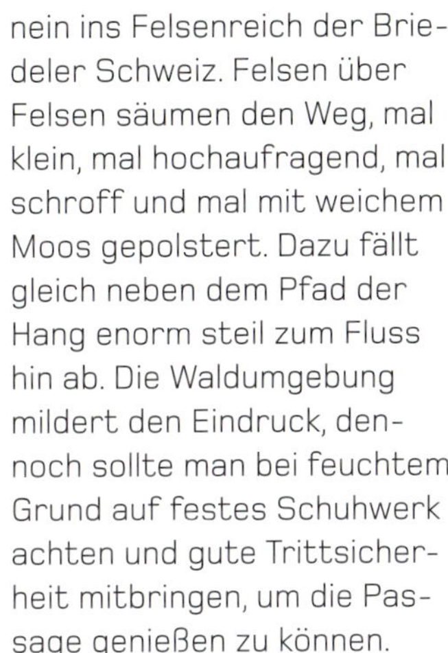

nein ins Felsenreich der Briedeler Schweiz. Felsen über Felsen säumen den Weg, mal klein, mal hochaufragend, mal schroff und mal mit weichem Moos gepolstert. Dazu fällt gleich neben dem Pfad der Hang enorm steil zum Fluss hin ab. Die Waldumgebung mildert den Eindruck, dennoch sollte man bei feuchtem Grund auf festes Schuhwerk achten und gute Trittsicherheit mitbringen, um die Passage genießen zu können.

Wir passieren einen Wegweiser und wandern geradeaus weiter. Bald begeistern uns weitere Felsenkliffe, bevor ein längst von Pionierpflanzen wie Himbeere oder Stolzer Heinrich besiedelter alter Windbruch kurz für Abwechslung im Wald sorgt.

Nach **2.6 km** mündet unser Pfad auf einen breiten Waldweg, dem wir halb rechts folgen. Noch immer flößt die weiterhin enorme Neigung des steil abfallenden Hangs Respekt ein, während wir ohne großen Höhenunterschied dem Waldwandern frönen.

! Abstecher zur tollen Aussicht am Beinter Kopf nicht verpassen!

Dann erreichen wir wieder einen Tripelpunkt: den Abzweig zum Beinter Kopf. Eigentlich führt unser Seitensprung an dieser Stelle rechts weiter, doch wir wollen den Abstecher zur nur 300 m entfernten Aussicht nicht auslassen.

So wenden wir uns nach links, umrunden eine kleine Felsnase, treffen auf einen breiten Waldweg und laufen links zur nahen Schutzhütte am Beinter Kopf (4). Auch hier zieht es uns sogleich an die Hangkante, wo mehrere Bänke zum Verweilen und zum „Fernsehen" einladen, denn die Aussicht auf Mosel, Barl und Zell ist auch an dieser Stelle einfach klasse!

Der Abstecher lohnt sich aber auch aus einem anderen Grund: Infotafeln und einige unscheinbare Mauern machen darauf aufmerksam, dass sich hier einst ein römisches Bergheiligtum befunden hat.

Nachdem wir dem Beinter Kopf ausgiebig unsere Referenz erwiesen haben, kehren wir auf gleichem Weg zurück zum Wegweiser, an dem wir nach **4.2 km** wieder auf die Hauptroute des Seitensprungs treffen und uns nun links dem Pfad zuwenden. Der steigt sehr steil entlang eines Grates bergan, und wieder mal sorgen eindrucksvolle Felsen für Ablenkung.

Nach deutlichem Höhengewinn flacht der Pfad ab und führt uns durch mittelhohen Laubmischwald zum nächsten Höhepunkt der Tour: Nach **5 km** erreichen wir die „Schöne Aussicht" (5), die ihrem Namen alle Ehre macht.

Perfekt, dass neben Schutzhütte und Bänken auch eine wohlplatzierte Sinnesbank zur wohlverdienten Pause bereitsteht.

Es fällt schwer, diesen schönen Platz zu verlassen, doch schließlich rappeln wir uns auf und wandern auf federndem Waldweg mit leichtem Gefälle weiter. Bald öffnet sich

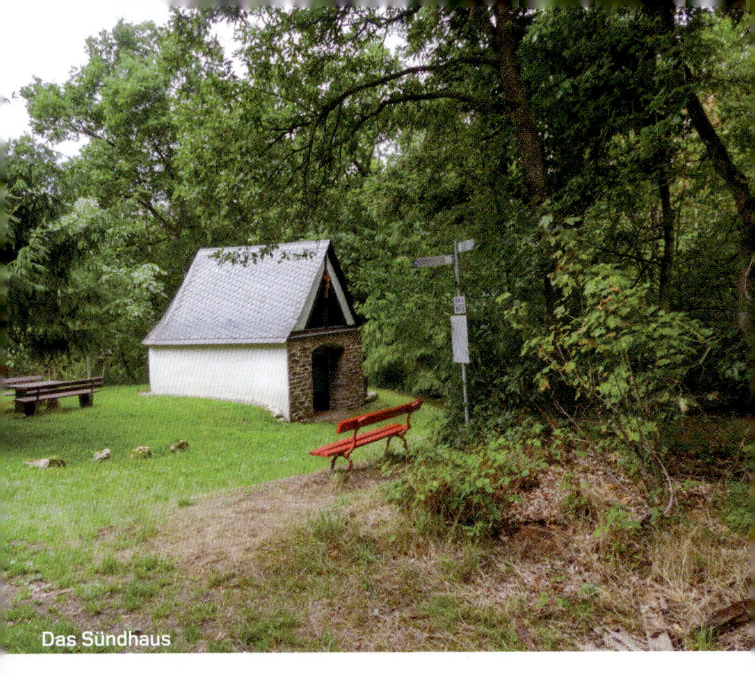
Das Sündhaus

der Wald etwas, und üppige Hecken säumen den Weg und sorgen für Hochstimmung und (zumindest im Sommer) für teils sehr vitaminreiche und leckere Wegzehrung.

Dann übernimmt wieder schattiger Hochwald die Regie, durch dessen lichte Stämme wir nach **5.7 km** rechts eine Schutzhütte erspähen. Noch müssen wir uns ein klein wenig gedulden, denn unser Seitensprung führt uns noch 100 m weiter geradeaus zu einer Kreuzung, an der wir rechts abbiegen und wenig später die einladende Wilhelmshöhe **(6)** erreichen. Neben Schutzhütte und vielen Bänken ist es erneut die Aussichtskanzel mit Sinnesbank, die sogleich von uns in Beschlag genommen wird.

Noch einmal genießen wir die herrliche Moselaussicht in vollen Zügen, erst beim Endabstieg nach Briedel werden wir den Fluss wieder zu Gesicht bekommen. Wir setzen die Tour fort und wandern an der Hangkante entlang weiter. Vorbei an einer Leitplanke gelangen wir zu einem breiten Weg, dem wir links um eine Kurve folgen. Und schon wieder öffnet sich der Wald: Nach **6.5 km** erreichen wir die Lichtung am Sündhaus (7), einer kleinen Wegkapelle.

Wir passieren den hiesigen Waldparkplatz und laufen auf breitem Weg zur nahen K 52. Hier wenden wir uns nach rechts und folgen dem Waldrand auf schottrigem Weg sanft abwärts. Bald schließt sich Wald um uns, während wir weiter dem bequemen Weg folgen. Noch einmal sorgt eine angrenzende Waldwiese für Abwechslung, bevor wir nach **7.3 km** an einer Sinnesbank endgültig in den Wald eintauchen.

Nun ist entspanntes Waldwandern angesagt, und auf dem befestigten Weg kommen

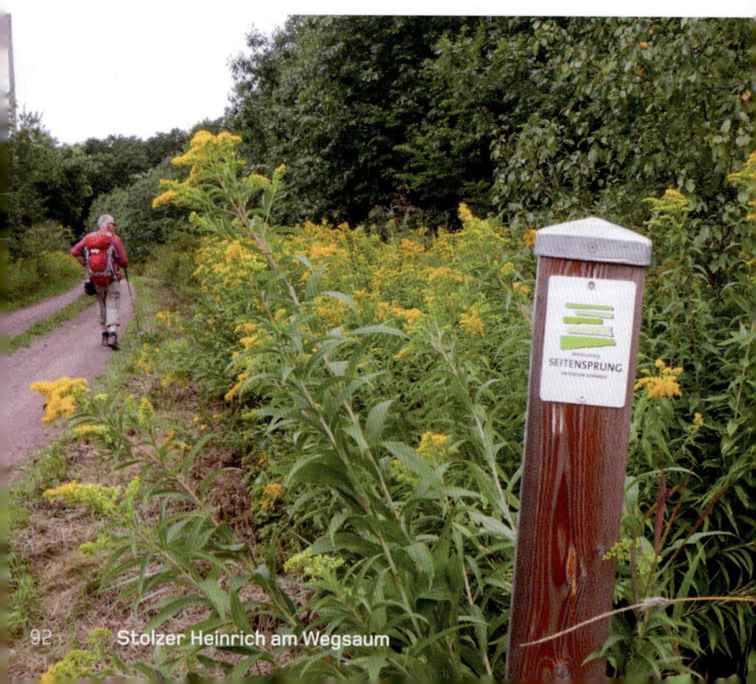

wir zudem auch zügig voran. Nach **8.3 km** erregt eine ungewöhnliche Felswand am Wegesrand unsere Aufmerksamkeit. Einen knappen Kilometer später treffen wir am Ortsrand von Briedel an einem Rastplatz auf den Wegweiser an der Römerstraße.

Wir folgen den Markierungen nach rechts und dringen noch einmal in den Wald ein. Nach kurzem Anstieg öffnet sich die Waldkulisse, und rechts lädt das gepflegte Areal an der Schutzhütte der Kaiserlay zu einer letzten Pause im Grünen ein.

Anschließend bringt uns ein grasiger Weg durch dichten Jungwald weiter abwärts, bis wir nach **10 km** wieder den Tripelpunkt (2) der Tour erreichen. Nun kennen wir den Weg bereits. Wir biegen scharf links ab und folgen dem Pfad talwärts. Vorbei an Kreuzwegstation Nummer 3 gelangen wir an den Waldrand und biegen rechts auf den Asphaltweg ab. An der folgenden Kreuzung wenden wir uns nach links und laufen durch die Sündstraße hinab nach Briedel.

An der Hauptstraße laufen wir nach links, bevor wir rechts in die Balduinstraße abbiegen und nach **10.8 km** wieder den Balduinplatz (1) und damit das Ende dieser sehr aussichts- und felsenreichen Tour erreichen.

FAZIT

Der Weg ist ganzjährig begehbar, verlangt allerdings zwischen Hindenburglay und Schöner Aussicht immer wieder gute Trittsicherheit und knöchelhohes Schuhwerk. Unterwegs laden einige Schutzhütten und Rastplätze zum Picknick ein.

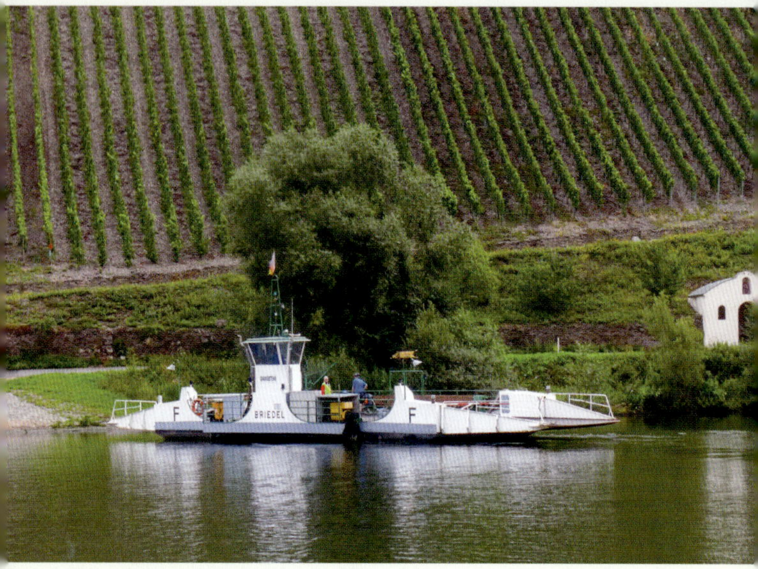

Die mobile Brücke

Die Fähre wird liebevoll auch „Briedeler Herzchen" genannt und verbindet heute noch an drei Tagen pro Woche das rechte und linke Moselufer bei Briedel miteinander (Fährzeiten: Di. & Do.: 8-12 & 12.45-17.30 Uhr, Sa.: 8-12 & 12.45-17.00 Uhr).

Das Fährwesen hat an der Mosel eine uralte Tradition. Feste Brücken waren rar, Fähren waren vielerorts die einzige Möglichkeit, den Fluss zu queren. Die Könige sicherten sich die Rechte an den Fähren und erhoben bei deren Nutzern Gebühren. Für Briedel ist dies durch eine Urkunde aus dem Jahr 1354 belegt.

Erst seit 1960 ist der Briedeler Fährmann Angestellter der Gemeinde. Anfangs handelte es sich bei der Briedeler Fähre um eine Gierfähre, die allein durch die Strömung an einem über den Fluss gespannten Seil von Ufer zu Ufer wechselte. Mittlerweile ist die Fähre motorisiert und frei fahrend.

Mosellandtouristik, Kordelweg 1, 54470 Bernkastel-Kues ✆ 06531/9733-0 @ www.mosellandtouristik.de
▪ *Zeller Land Tourismus, Balduinstraße 44, 56856 Zell (Mosel) ✆ 06542-96220 @ www.zellerland.de*

Weincafé Korkenzieher, Hauptstr. 86, 56867 Briedel ✆ 06542/7050171
▪ *Dorfgasthof „Zum musikalischen Wirt", Hauptstr. 97, 56867 Briedel ✆ 06542/4589 @ www.musikalischer-wirt.de*
▪ *Gasthaus Anker, Moselstr. 27, 56867 Briedel ✆ 06542/5040 @ www.hotelmoselanker.de*

Hotel Briedeler Haus, Hauptstr. 8, 56867 Briedel ✆ 06542/4237 @ www.briedeler-haus.de
▪ *Hotel Briedeler Herzchen, Moselstr. 8, 56867 Briedel ✆ 06542/960140 @ www.briedeler-herzchen.de*

Mit der Buslinie 333 gelangt man z.B. von Zell aus nach Briedel. @ www.vrt.info

Taxi Hallebach ✆ 0800/065424444

Zell an der Mosel bietet ein tolles Wein- und Heimatmuseum. Es ist im Rathaus der Stadt untergebracht und präsentiert Ausgrabungsfunde aus der Kelten- und Römerzeit. Natürlich erfährt man beim Rundgang auch alles Wissenswerte zur berühmten Weinlage „Zeller Schwarze Katz". Themenräume wie z.B. zur Seilerei oder der Tabakverarbeitung runden die Ausstellung ab. Freier Eintritt! @ www.mosel.de

Der Weg ist für Hunde gut begehbar. Unterwegs gibt es allerdings keine zugänglichen Wasserstellen.

8 Felsen. Fässer. Fachwerk

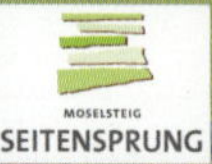

Im Buchsbaumparadies

9.1 km

3h

349 

362

717 841 

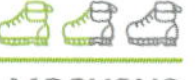
MS2X3X8

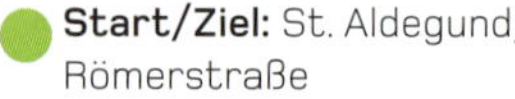
Start/Ziel: St. Aldegund, Römerstraße

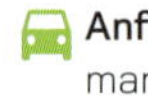
Anfahrt: Über die B 53 gelangt man entlang der Mosel nach St. Aldegund

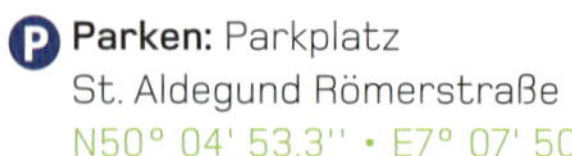
Parken: Parkplatz St. Aldegund Römerstraße
N50° 04' 53.3'' • E7° 07' 50.7''

scan to go®

Wegpunkte:

P1 St. Aldegund Römerstraße
32 U 366267 5549363

P2 Kehr-Heiligenhäuschen
32 U 366213 5549949

P3 Josefshöhe
32 U 366005 5549675

P4 Buchsbaumwald
32 U 365893 5549555

P5 Abzweig auf Höhenroute
32 U 365605 5549309

P6 Treffen auf Hauptroute
32 U 365626 5549232

P7 Raulwingplatz
32 U 365834 5549251

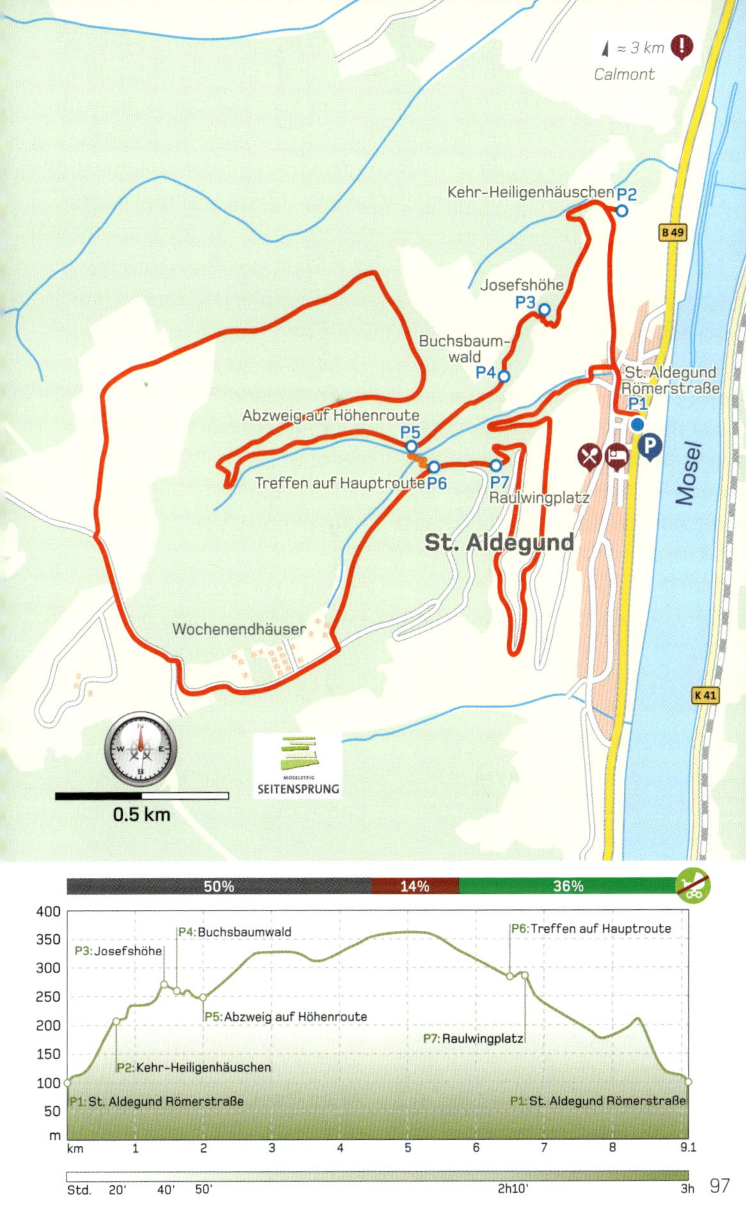
≈ 3 km
Calmont
Kehr-Heiligenhäuschen P2
B 49
Josefshöhe
P3
Buchsbaum-
wald
P4
St. Aldegund
Römerstraße
P1
Abzweig auf Höhenroute
P5
Treffen auf Hauptroute P6
P7
Raulwingplatz
Mosel
St. Aldegund
Wochenendhäuser
K 41
0.5 km
MOSELSTEIG
SEITENSPRUNG
50%
14%
36%
P3: Josefshöhe
P4: Buchsbaumwald
P5: Abzweig auf Höhenroute
P6: Treffen auf Hauptroute
P7: Raulwingplatz
P2: Kehr-Heiligenhäuschen
P1: St. Aldegund Römerstraße
P1: St. Aldegund Römerstraße
400
350
300
250
200
150
100
50
m
km
1
2
3
4
5
6
7
8
9.1
Std.
20'
40'
50'
2h10'
3h

Felsen. Fässer. Fachwerk – eigentlich sagt der Name schon alles. Die kurzweilige Rundtour, deren rund fünf Kilometer lange Hauptrunde noch um viereinhalb Kilometer auf der Höhenrunde ergänzt werden kann, führt durch pittoreske Fachwerkidylle, steile Weinlagen und einen grandiosen Buchsbaumwald. Dazu gibt es herrliche Moselblicke und ruhige Waldpassagen.

Am Moselufer in St. Aldegund starten wir an der Römerstraße **(1)** die Rundtour auf dem Kulturweg Felsen. Fässer. Fachwerk. Wir werden die Runde gegen den Uhrzeigersinn absolvieren und zudem nach 2 km die Wahl haben, ob wir nur die Hauptrunde (knapp 5 km) oder die Kombination über die Höhenrunde (insgesamt 9.1 km) laufen möchten. Doch zunächst gibt es nur eine Richtung, und die führt durch die Römerstraße vorbei an der Kirche ins Ortszentrum. Hier biegen wir rechts in die Christophorusstraße ab und sind verzaubert von der Fachwerkidylle, die sich besonders in dieser Gasse zeigt.

! Prächtig herausgeputzt, zeugen die jahrhundertealten weißroten Fachwerkhäuser von der langen Siedlungsgeschichte rund um St. Aldegund.

Am Ende der Gasse halten wir uns links und laufen durch „Auf der Teusch" zum Ortsrand. Hier wird es sogleich anstrengend. Steil und sonnenexponiert gilt es den geschotterten Weinbergsweg hinauf zum Kehr-Heiligenhäuschen zu erklimmen.

Schritt für Schritt geht es bergan. So bekommen wir hautnah eine Vorstellung, was es bedeutet, Steillagenweinbau zu betreiben, der an diesem Moselabschnitt üblich ist. Je höher wir kommen, desto besser wird der Blick zum Fluss, was uns für die Anstrengung entschädigt.

Als dann kurz vor der ersten Kurve auch noch eine Bank zum Verschnaufen bereitsteht, ist unsere Wanderwelt wieder im Lot. Am nahen Wegweiser zweigt nach **0.7 km** ein kurzer Stichpfad zum

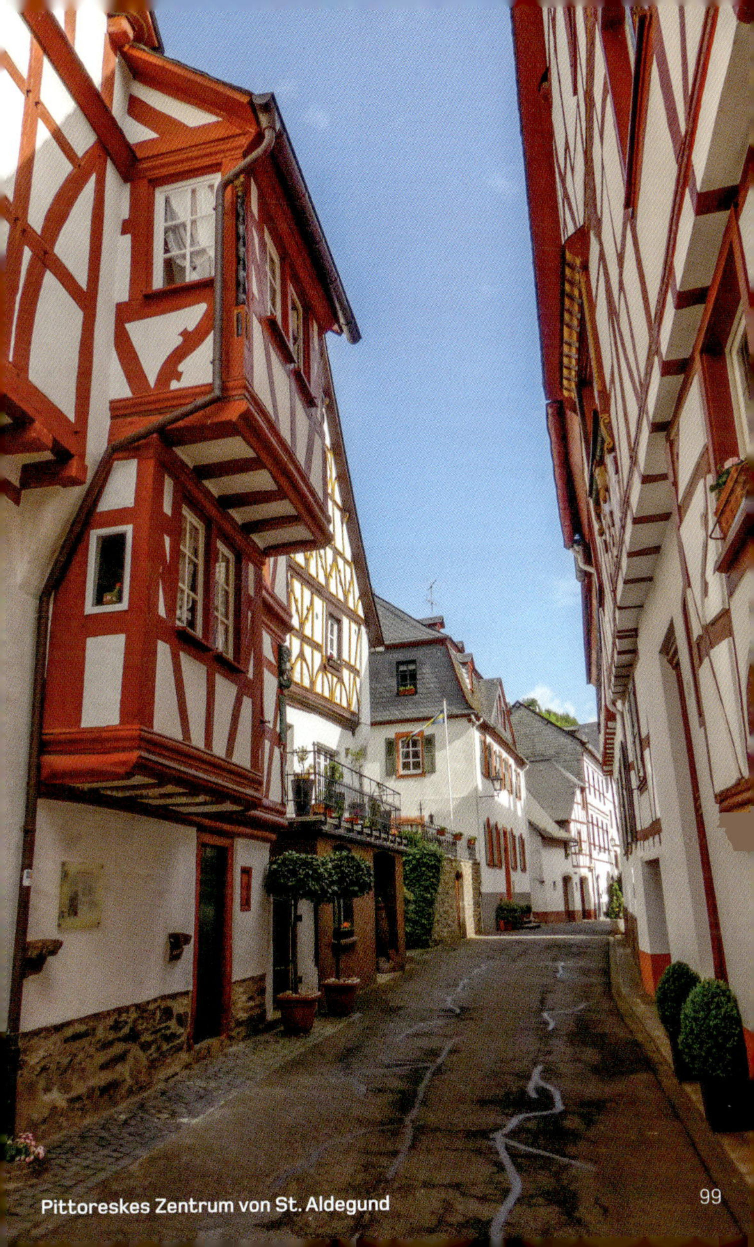

Pittoreskes Zentrum von St. Aldegund

Kehr-Heiligenhäuschen **(2)** ab, den wir nutzen, um diesem Aussichtspunkt eine Stippvisite abzustatten.

Zurück auf dem Kulturweg, wandern wir um die Kurve und biegen dann links auf einen weiter ansteigenden Waldweg ab. Sofort umhüllt uns dichte Vegetation, und im schummrigen Grün ist nach einigen Schritten eine alte Stollenöffnung zur Linken rasch übersehen. Doch eine Tafel steht bereit, die den ehemaligen Erzabbau erläutert.

Anschließend wandern wir weiter aufwärts und wechseln noch einmal links auf einen Stichpfad, der uns die wenigen Meter bergan zu einem querenden Wirtschaftsweg bringt. Hier biegen wir links ab und verlassen kurz darauf den Wald. Nun befinden wir uns wieder an der Hangkante und dürfen fast eben auf dem bald grasigen Panoramaweg

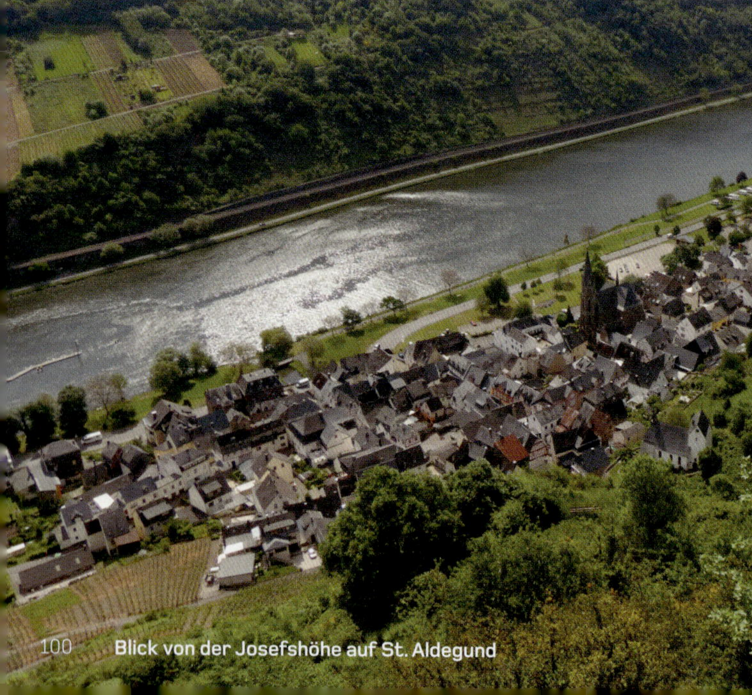

 Blick von der Josefshöhe auf St. Aldegund

moselaufwärts laufen. Dabei genießen wir den Ausblick auf St. Aldegund, Bullay und Neef. Auch die Moselschleuse liegt gut im Blickfeld. In einer Kurve biegen wir rechts ab und tauchen in den dichten Niederwald des Steilhangs ein. Nach **1.4 km** erreichen wir einen Wegweiser: Felsen. Fässer. Fachwerk setzt sich links fort, doch zuvor unternehmen wir den 80-m-Abstecher nach rechts zur nahen Schutzhütte auf der Josefshöhe **(3)**. Von

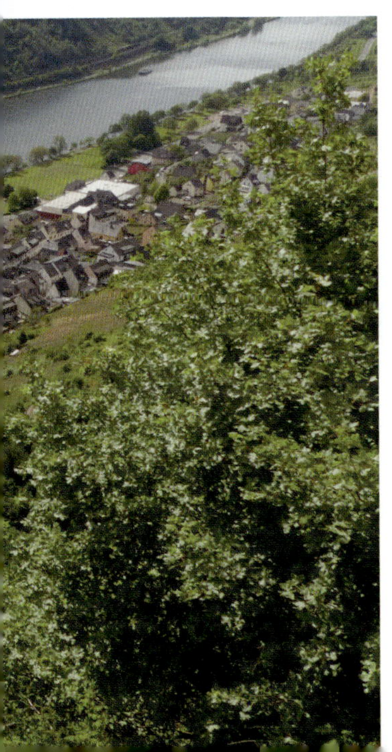

dort kosten wir die Premiumaussicht noch einmal voll aus und können auch das Treiben in der Schleuse von einem Logenplatz aus in Ruhe beobachten.

Zurück am Wegweiser, setzen wir die Tour auf der Hauptroute fort und sind schnell vom tollen Palmberg-Pfad begeistert, der sich nun durch den steilen Hang windet. Urig rückt die Vegetation eng an den Weg heran und wandelt sich bald zu einem großartigen Buchsbaumwald **(4)**. Wir wandern hier durch eines der größten wilden Vorkommen dieser eigentlich mediterranen Pflanze, die mittlerweile an einigen Hängen entlang der Mosel zu finden ist.

Auf und ab folgen wir dem sehr schmalen, oft Trittsicherheit fordernden Pfad durch diesen ganz besonderen Wald und können nach **1.8 km** auf einer Bank an einer kleinen Felsklippe mitten im Idyll verweilen. Nun dauert es nicht mehr lange, und wir erreichen nach kurzem Abstieg den ersten Tripelpunkt **(5)** der Runde: Mitten im Wald an einem tief eingeschnittenen Bachlauf müssen wir uns nach **2 km** an einem Wegweiser entscheiden: geradeaus per Serpentinenpfad bergan der Hauptroute direkt zum Raulwingplatz folgen oder rechts auf die Höhenroute abbiegen und 4.5 km länger unterwegs sein?

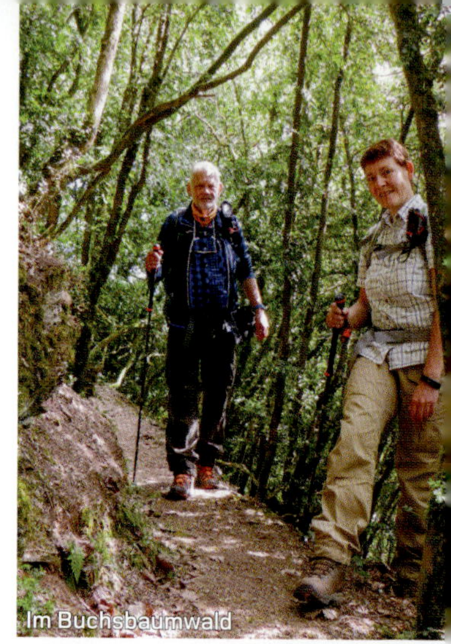
Im Buchsbaumwald

Wir entschließen uns für die „große" Runde und biegen am Wegweiser rechts ab. Nun ist Waldwandern angesagt, denn auf schönem Pfad dürfen wir mitten durch den artenreichen Wald wandern. Neben uns plätschert leise der Bach, während wir deutlich an Höhe gewinnen. Als der Pfad etwas nach links schwenkt, wird der Anstieg flacher, und nach **2.6 km** endet der Pfad an einem breiten Forstweg.

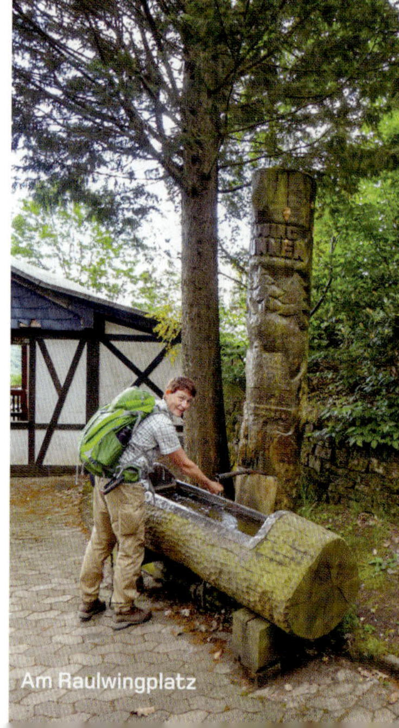
Am Raulwingplatz

Der Wegweiser schickt uns nach rechts, und auf dem bequemen Weg setzen wir den Aufstieg sanft fort. Wir kommen gut voran und freuen uns, als für eine Weile ein duftendes Nadelwaldareal den bisher beherrschenden Laubmischwald unterbricht. In einer Kurve steht ein Rastplatz zur Pause im Grünen bereit, während sich der Wald erneut wandelt und nun gedrungene Eichen dominieren.

Nach fast unmerklichem Höhenverlust treffen wir an einer großen Kreuzung (Wegweiser und Rettungspunkt) ein und biegen links ab. Noch immer wandern wir auf einem bequemen Forstweg, der nun wieder leicht ansteigt. Nach **4.2 km** ist es dann so weit, erst nur links, bald aber auch rechts weicht der Wald zurück, und wir finden uns auf der offenen Kuppe der Hochheide wieder.

Wogende Felder umgeben uns und sorgen für einen angenehmen Kontrast zum bisherigen Wald. Wir überschreiten die Kuppe, passieren eine Bank und treffen an einem Wegweiser auf einen asphaltierten Weg. Diesem folgen wir halb links und lassen wenig später ein umzäuntes Bundeswehrareal unbeachtet rechts liegen. Am Waldrand angekommen, dürfen wir nach **5.3 km** links auf einen befestigten Wirtschaftsweg wechseln, der uns mit einem Schlenker an einer Wiese und einer Christbaumkultur vorbei zum Rand einer Wochenendhaussiedlung mitten im Wald bringt.

Hier ist etwas Aufmerksamkeit notwendig, denn vom Wegweiser an einer Bank aus laufen wir halb links zum Waldrand. Dort nutzen wir den linken der beiden Wege, um die Siedlung hinter uns zu lassen und wieder in die Waldeinsamkeit einzutauchen.

Es geht spürbar abwärts, und nach **6.5 km** stehen wir an einem Wegweiser am zweiten Tripelpunkt (6) der Tour: Hier kommt von links unten die kurze Hauptrunde herauf und trifft sich mit der Höhenroute, auf der wir hierher gewandert sind.

Gemeinsam setzen wir die Wanderung nach rechts fort und erreichen nur 150 m später den Rand des Raulwingplatzes. Wir passieren den großen Platz und laufen

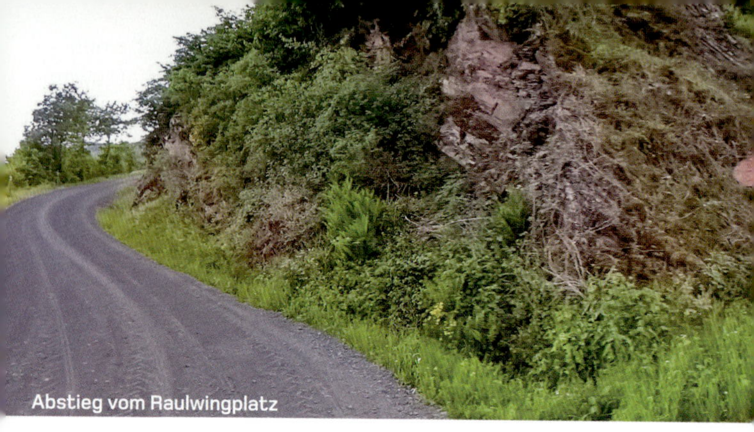
Abstieg vom Raulwingplatz

zur Hangkante, wo überdachte Bänke und Tische oft zu vergnüglichen Waldfesten genutzt werden. Doch auch ohne Trubel ist der Raulwingplatz (7) bestens zum Verweilen geeignet und bietet tolle Blicke aufs Moseltal. Nach ausgiebiger Pause folgen wir den Logos links auf einem schmalen Pfad abwärts. Nach einigen Schlenkern verlassen wir den Wald und treffen an einem Rastplatz auf den breiten Zufahrtsweg.

Wir halten uns links und laufen nun auf dem bequemen Weg bei guter Aussicht talwärts.

Nach einer scharfen Linkskurve spüren wir bald Asphalt unter den Sohlen und sind erleichtert, als wir in der nächsten Kurve geradeaus auf einen zwar wieder etwas ansteigenden, dafür aber grasigen Hangweg abbiegen dürfen. Kurz bevor wir noch einmal links in den Wald wechseln, ergibt sich an einer Bank

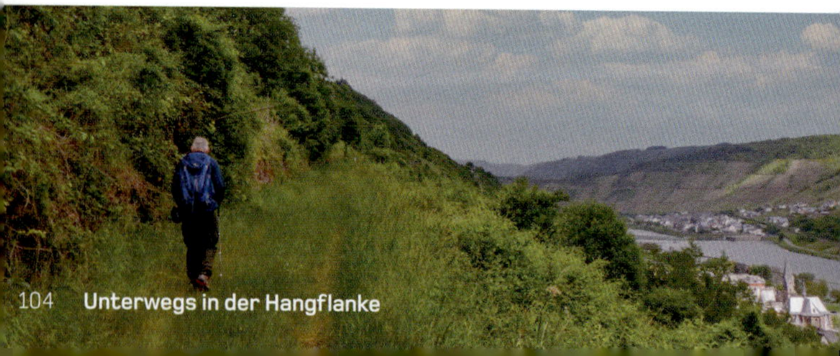
Unterwegs in der Hangflanke

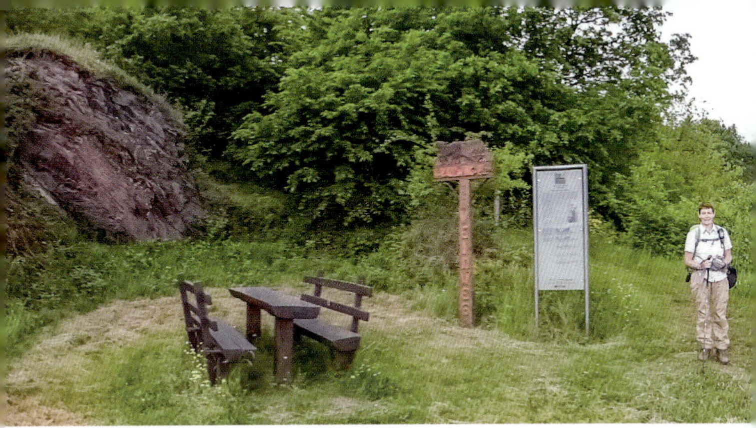

eine weitere aussichtsreiche Rastgelegenheit. Dann stellen wir uns dem letzten Abschnitt des Weges und laufen in den schummrigen Wald.

An einer mächtigen Felsklippe läutet ein scharfer Knick nach rechts den Abstieg zurück nach St. Aldegund ein. Der steile Pfad fordert gute Trittsicherheit, Wanderstöcke sind mal wieder hilfreich. An einem Querweg laufen wir geradeaus weiter. Der Pfad endet schließlich an der Alten Kirche am Ortsrand von St. Aldegund. Wir biegen nach links, queren einen Wasserlauf und treffen nach einem Haus wieder auf die Straße „Auf der Teusch". Hier laufen wir rechts zur Christophorusstraße und genießen noch einmal die Fachwerkkulisse. Über die Römerstraße gelangen wir zurück zum Startpunkt am Moselufer **(1)**, wo diese sehr kurzweilige Tour zwischen Natur und Kultur nach **9.1 km** endet.

FAZIT

Die Tour nutzt einige steile und sehr schmale Pfade, die unbedingt Trittsicherheit und festes Schuhwerk erfordern. Wanderstöcke sind sinnvoll. Auf der Höhenrunde wird das sonnenexponierte Plateau der Hochheide gequert.

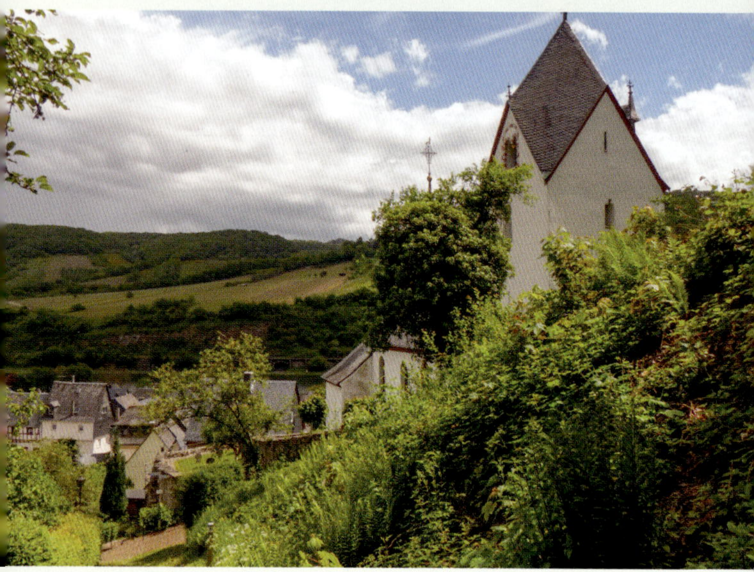

Am Grab der Mäzene

Das wohl älteste noch erhaltene Gebäude St. Aldegunds ist die Alte Kirche aus dem 12. Jahrhundert. Dieses romanische Kleinod kann auch heute noch besichtigt werden, den Schlüssel dazu erhält man bei Familie von Essen, Auf der Teusch 4. Im Lauf der Jahrhunderte nagte der Zahn der Zeit an der Kirche. Glücklicherweise fehlte dem Bistum damals das Geld, die Kirche abzureißen. Ab Mitte des 20. Jahrhunderts bemühte sich der Marienverein St. Aldegund um die Restaurierung der romanischen Kirche und um die Wiederbeschaffung verkauften Inventars. Hier kam das Sammlerehepaar Peter und Irene Ludwig ins Spiel, die nicht nur den original Grabaltar von 1602 stifteten, sondern auch Fördermittel zur weiteren Renovierung bereit stellten. Daher befindet sich heute das Grab des Ehepaars an der alten Kirche in St. Aldegund.

Mosellandtouristik, Kordelweg 1, 54470 Bernkastel-Kues ✆ 06531/9733-0 Ⓘ www.mosellandtouristik.de ▪ Zeller Land Tourismus Balduinstraße 44, 56856 Zell ✆ 06542/96220 Ⓘ www.zellerland.de

Café Treis, Am Moselstausee 16, 56858 St. Aldegund ✆ 06541/2520 ▪ Pizzeria „Alt Burgramm", Am Moselstausee 18, 56858 St. Aldegund, ✆ 06542/900707 Ⓘ www.pizzeria-altburgramm.de ▪ Gasthaus Korneli, Am Moselstausee 15, 56858 St. Aldegund Ⓘ www.gasthaus-korneli.de ✆ 06542/2749

Restaurant Pension Scheid-Friedrichs, Am Moselstausee 12, 56858 St. Aldegund ✆ 06542/2432 Ⓘ www.scheid-moselwein.de

Über die Buslinie 711 gelangt man von Cochem oder Bullay nach St. Aldegund. Ⓘ www.vrt.info

Taxi Hallebach ✆ 0800/065424444

Vom Kehr-Heiligenhäuschen sind es nur knapp 3 km bis zum steilsten Weinberg Europas, dem **Calmont**. *Vom Kreuz an der Hangkante genießt man einen grandiosen Blick auf die enge Moselschleife, und wer abenteuerlustig ist, kann hier in den anspruchsvollen Klettersteig durch den Calmont einsteigen. Für alle, die es gemütlicher mögen, bietet sich eine Tour auf dem Moselsteig an, der entlang der Hangkante zu einem römischen Bergheiligtum führt und später steil nach Ediger-Eller absteigt.*

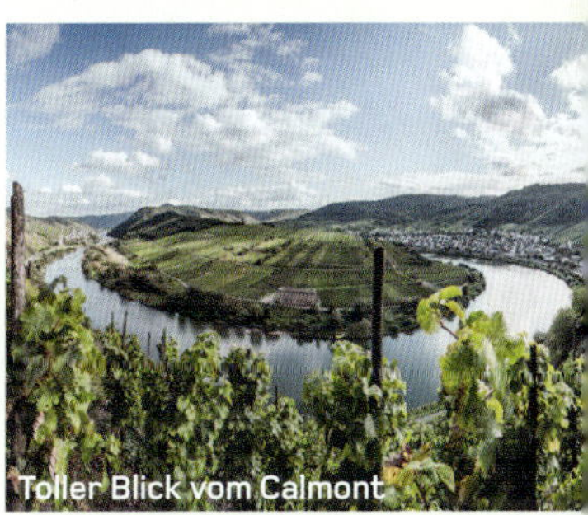
Toller Blick vom Calmont

Hunde können die gesamte Strecke gut bewältigen. Zugang zu Wasser ist unterwegs begrenzt und allenfalls am ersten Tripelpunkt möglich.

9 Cochemer Ritterrunde

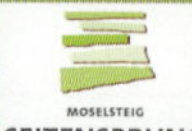

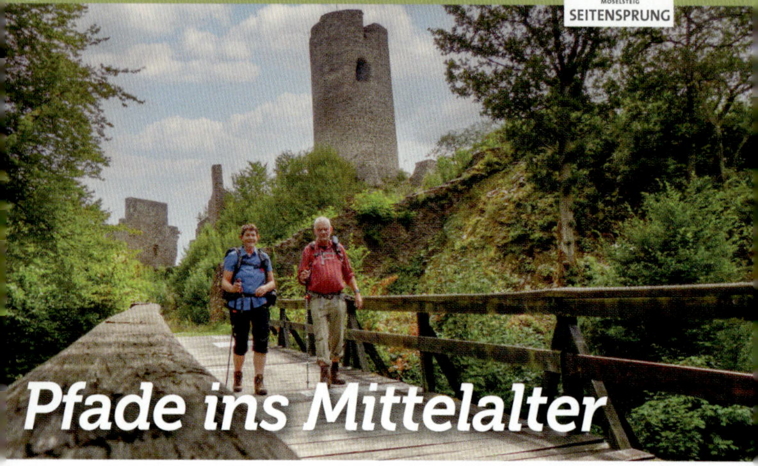

Pfade ins Mittelalter

16.6	6h	737	379	1394 1637	MS2X2X9
km		↑ ↓		♀ ♂	

Start/Ziel: Cochem, Altes Thorhaus

Anfahrt: Cochem erreicht man entlang der Mosel über die B 49.

Parken: Cochem Moselpromenade (Gebühr)
N50° 08' 48.4'' • E7° 10' 01.1'
Cochem, Sessellift (Gebühr)
N50° 08' 54.7'' • E7° 09' 41.4''

Cochem, Bahnhof (Gebühr)
N50° 06' 12.3''
E7° 09' 56.9''

Wegpunkte:

P1 Cochem Altes Torhaus
32 U 368922 5556596

P2 Bergstation
32 U 368683 5557104

P3 Ausblick Wackelei
32 U 367952 5557900

P4 Ruine Winneburg
32 U 367346 5557625

P5 Abzweig Abkürzung
32 U 367497 5557050

P6 Rastplatz am Antoniuskopf
32 U 366834 5556010

P7 Hubertushöhe
32 U 368186 5555924

P8 Abzweig Reichsburg
32 U 368952 5556001

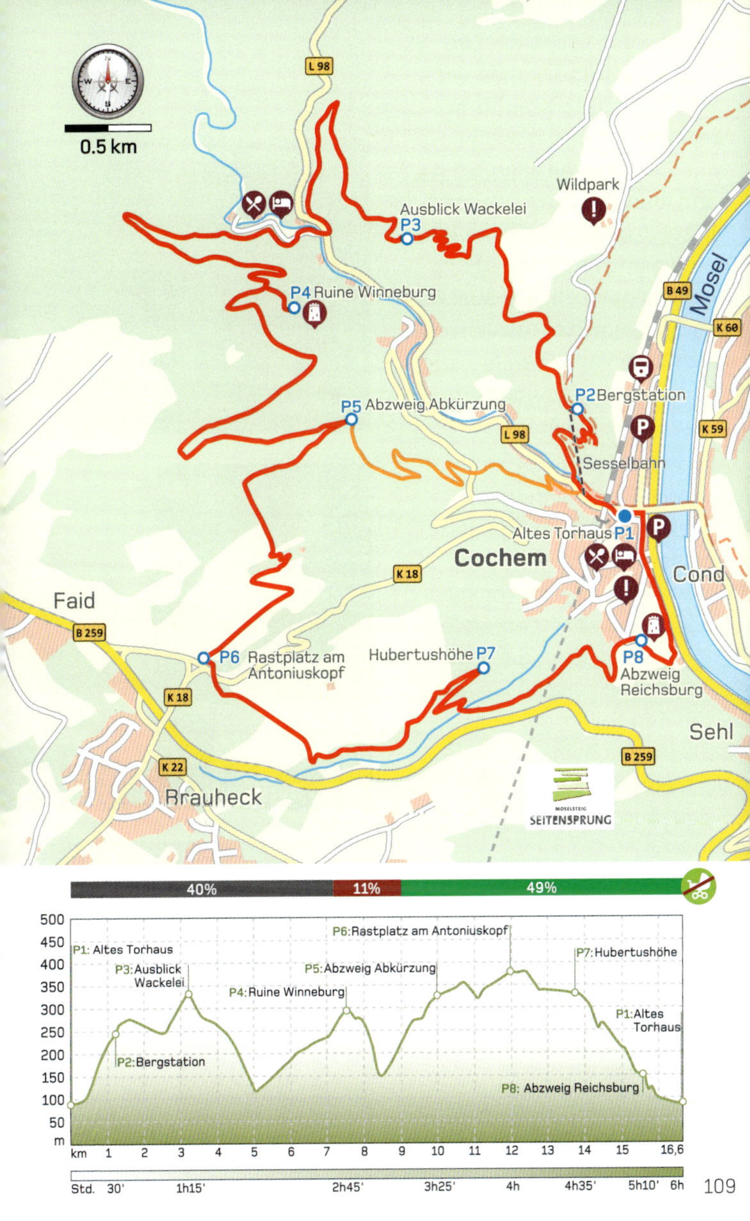

0.5 km
L 98
Wildpark
Ausblick Wackelei
P3
P4 Ruine Winneburg
Mosel
B 49
K 60
P2 Bergstation
P5 Abzweig Abkürzung
L 98
K 59
Sesselbahn
Altes Torhaus P1
Cochem
Cond
K 18
Faid
B 259
P6 Rastplatz am Antoniuskopf
Hubertushöhe P7
P8
Abzweig Reichsburg
K 18
Sehl
B 259
K 22
Brauheck
MOSELSTEIG
SEITENSPRUNG
40%
11%
49%
500
450
400
350
300
250
200
150
100
50
m
P1: Altes Torhaus
P3: Ausblick Wackelei
P2: Bergstation
P4: Ruine Winneburg
P5: Abzweig Abkürzung
P6: Rastplatz am Antoniuskopf
P7: Hubertushöhe
P1: Altes Torhaus
P8: Abzweig Reichsburg
km 1 2 3 4 5 6 7 8 9 10 11 12 13 14 15 16,6
Std. 30' 1h15' 2h45' 3h25' 4h 4h35' 5h10' 6h

Schön, aber sportlich: Die Cochemer Ritterrunde verlangt sehr gute Kondition, lässt sich aber glücklicherweise auch zweiteilen. So kann man die Zeitreise ins Mittelalter an der Ruine Winneburg und der Reichsburg deutlich gemütlicher auskosten. Traumhafte Aussichten laden zum Verweilen ein, und urige Felsenpfade bieten Wanderglück pur.

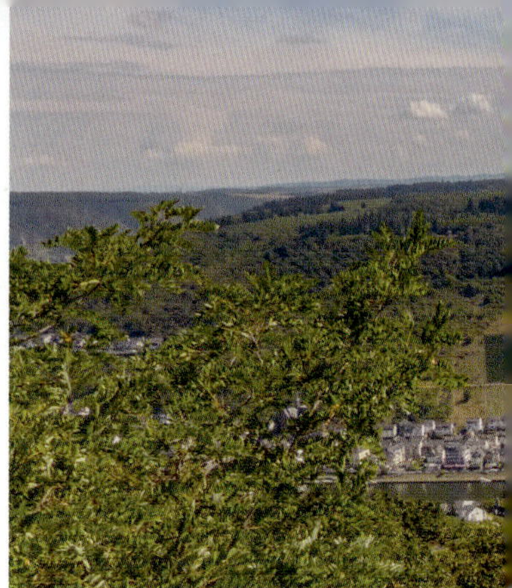

Am „Alten Thorhaus" in Cochem **(1)** beginnen wir den durch seine Länge und etliche Höhenmeter recht anspruchsvollen Seitensprung der Cochemer Ritterrunde. Wer möchte, kann die Tour in zwei jeweils rund 10 km lange Schleifen teilen: die Nordschleife zur Ruine Winneberg und die Südschleife zur Reichsburg.

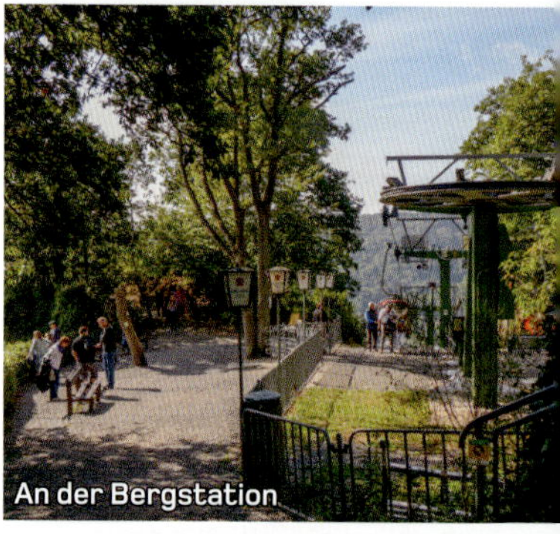
An der Bergstation

Vom Thorhaus laufen wir gemeinsam mit dem Moselsteig durch eine Seitengasse und danach entlang der Endertstraße zur Talstation der Sesselbahn. Dort haben wir die Qual der Wahl: Entweder bequem bergan schweben oder sportlich den Aufstieg in

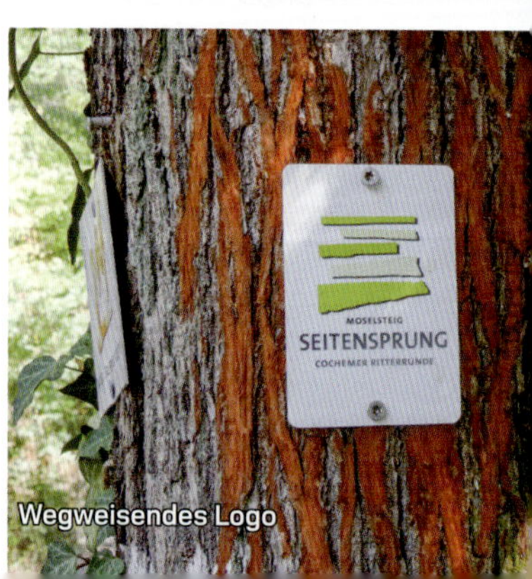

Wegweisendes Logo

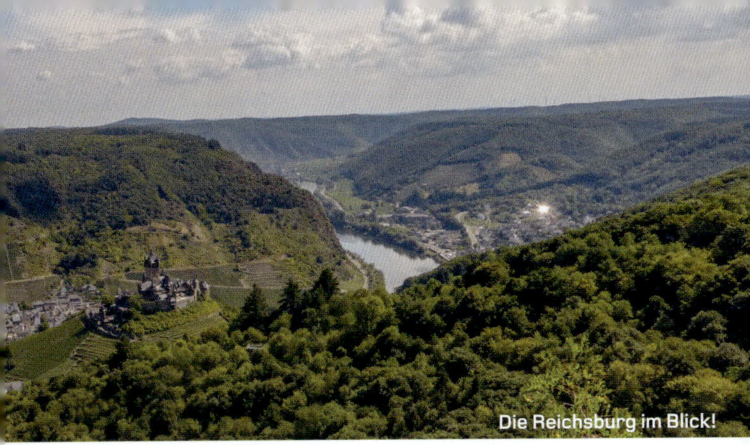
Die Reichsburg im Blick!

Angriff nehmen, der teils über weniger harmonisch hohe Treppenstufen führt.

Wer sich für den Fußweg entscheidet, quert den Bach und kämpft sich mal mit Treppe, mal pfadig stetig bergan. Nach **1 km** erreichen wir einen Sattel im Fels. Unser Seitensprung setzt sich zwar links fort, doch an dieser Stelle statten wir dem rechts aufragenden Pinnerkeuz einen Besuch ab und genießen die fabelhafte Aussicht auf Cochem und die Mosel.

Anschließend wandern wir die letzten Meter bis zur Bergstation (2), wo wir auf einen breiten Weg treffen.

Mit scharfem Knick nach links biegen wir Richtung Café ab, dürfen aber sogleich rechts auf einen Pfad hinter dem Café in den Wald eintauchen.

Dort trennen sich Seitensprung und Moselsteig voneinander: Wir folgen den grünen Logos links weiter in den urigen Niedereichenwald. Bald öffnet sich links die Baumreihe, und wir können einen schönen Blick zur Reichsburg erhaschen. Dann senkt sich der stellenweise etwas steinige Pfad talwärts. Mitten im schummrigen Grün des Waldes queren wir an einem Wegweiser den Dekernbach und wandern nun wieder leicht bergan. Der nächste Weg-

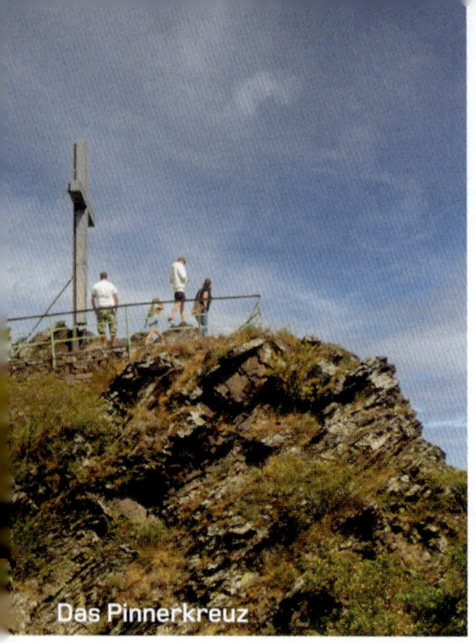
Das Pinnerkreuz

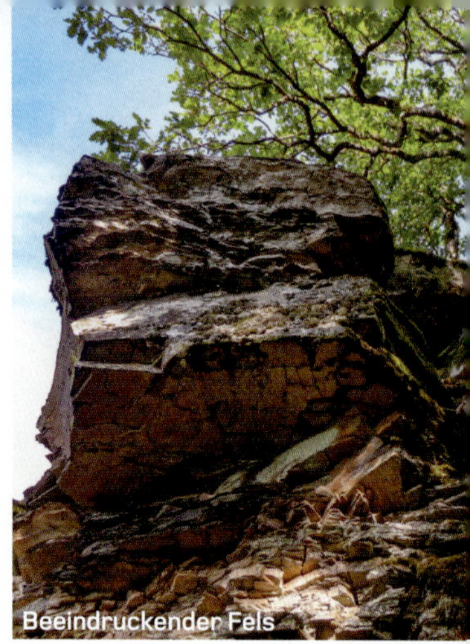
Beeindruckender Fels

weiser schickt uns an einer Gabelung rechts auf einen zunächst noch gemütlich ansteigenden Pfad.

Bald wird die Steigung strammer, und in einigen Kehren schrauben wir uns hinauf zur Wackelei, wie dieser Bergrücken heißt. Oben kommen wir rasch wieder zu Atem und freuen uns, dass nach **3.3 km** eine einladende Sinnesbank **(3)** bereitsteht.

Bequem sitzend können wir so den grandiosen Ausblick auf gleich zwei Burgen in Ruhe genießen, denn nicht nur die Reichsburg und das Moseltal liegen im Blickfeld, auch die Ruine der Winneburg grüßt übers Tal zu uns herüber. Nach erholsamer Rast folgen wir weiter dem idyllischen Pfad, der sich nun in engen Serpentinen steil den Hang hinab windet.

Nach deutlichem Höhenverlust wechseln wir an einer Bank rechts auf einen flacher verlaufenden Weg, der uns weiter durch urigen Eichenwald führt und dabei zahlreiche schroffe Felsen passiert.

Nach **4.4 km** knickt unser Seitensprung mit einer Kehre nach links ab und senkt sich

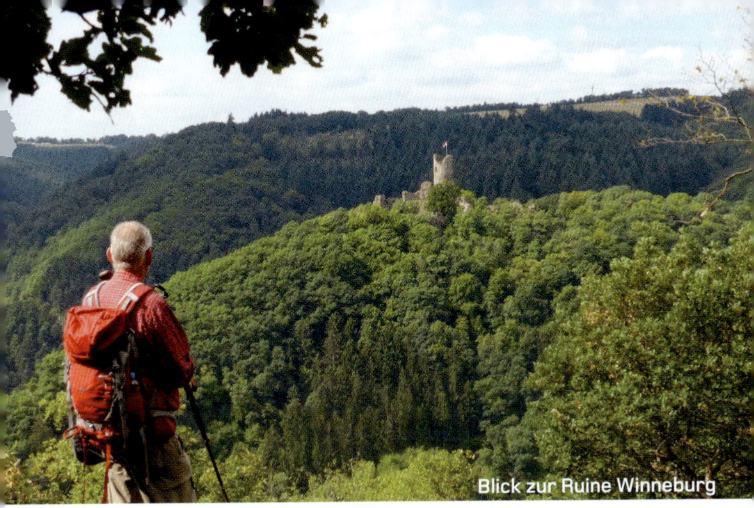
Blick zur Ruine Winneburg

weiter ins Enderttal ab. Immer deutlicher vernehmen wir das Rauschen der Straße, die wir schließlich nach **5 km** erreichen und vorsichtig queren.

Wir wenden uns nach links und laufen auf dem Gehweg über den Bach zur nahen Abzweigung zum Hotel Winneburg.

Wir folgen dem Wegweiser nach rechts, passieren das Hotel und wandern auf der asphaltierten Zufahrt zur Weißmühle tiefer in das Enderttal hinein. An einer Weggabelung, unweit des Campingplatzes, schwenken wir dann links auf einen ansteigenden Schotterweg. Nun gilt es wieder Höhe gutzumachen. Doch zu anstrengend gestaltet sich das zum Glück nicht, denn stetig, aber gemächlich führt uns der breite Forstweg bergan.

Erneut flankieren mächtige Felsen den Weg, während tief unten der Endertbach rauscht. Mit einigen Schlenkern erobern wir den Berg, immer wieder stehen unterwegs Bänke zum Verschnaufen bereit. Riesige Douglasien und Weißtannen bereichern das Waldszenario und verströmen an warmen Sommertagen frischen Nadelduft.

Nach **7.3 km** ist es dann so weit: Wir stehen am Abzweig zur 200 m entfernten und per Zuweg angebundenen Ruine Winneburg.

Natürlich wollen wir das alte Gemäuer inspizieren, und so wenden wir uns nach links, nutzen die Holzbrücke über den Burggraben und betreten die weitläufige und sehr beeindruckende Burgruine (4).

Nach ausgiebigem Rundgang, der wie eine Zeitreise ins Mittelalter ist, verlassen wir die Ruine wieder und kehren zum Wegweiser am Abzweig zurück. Nun wenden wir uns nach links und folgen dem breiten Weg sanft abwärts.

Einen rechts abzweigenden Weg ignorieren wir und umrunden wenig später ein Kerbtal. Direkt danach biegen wir nach **8 km** links auf einen Pfad ab. Der führt uns anfangs sehr steil abwärts zu einem kleinen, oft ausgetrockneten Bach.

Als der Wald dichter wird, flacht der Pfad etwas ab. Noch ein Stück weiter talwärts geben dann hochgewachsene Nadelbäume den

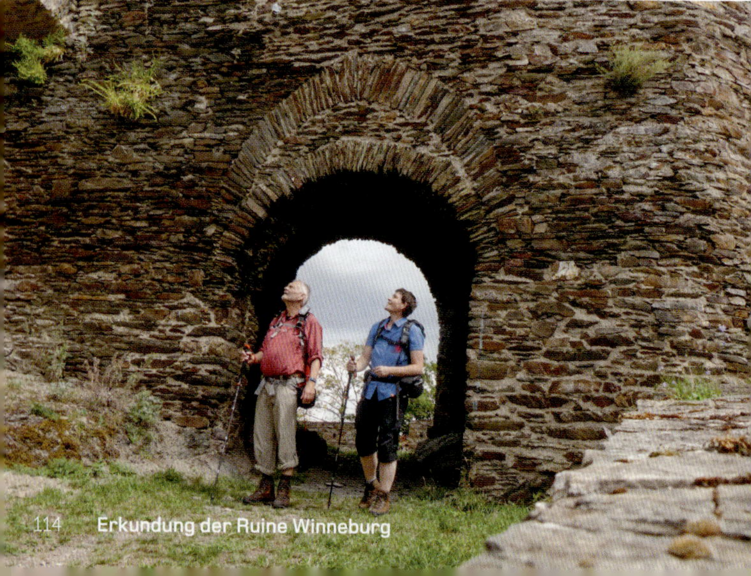

 Erkundung der Ruine Winneburg

Blick hinauf zur Ruine Winneburg und auf den mit uralten Steinmauern terrassierten Steilhang frei.

Nach **8.5 km** bringt uns schließlich eine steile Treppe neben dem Winzerhaus zu einem breiten Wirtschaftsweg. Dort biegen wir rechts ab und stiefeln nun auf breitem Waldweg bergan.

Wir gewinnen im schattigen Tal des leise plätschernden Faitschbachs an Höhe. Wir genießen die Ruhe des Tals, bis wir nach **9.3 km** links zum nahen Bach laufen, ihn queren und nun durch die gegenüberliegende Hangflanke den Aufstieg fortsetzen.

Einen Weg links ignorieren wir und laufen geradeaus weiter. Als wir die nächste Wegkreuzung im Wald erreichen, behalten wir die Richtung bei und folgen den Logos weiter ansteigend.

! Nach 10 km ist eine Entscheidung gefragt **(5)**: Wandern wir die große Runde oder wollen wir uns heute mit der Nordschleife begnügen?

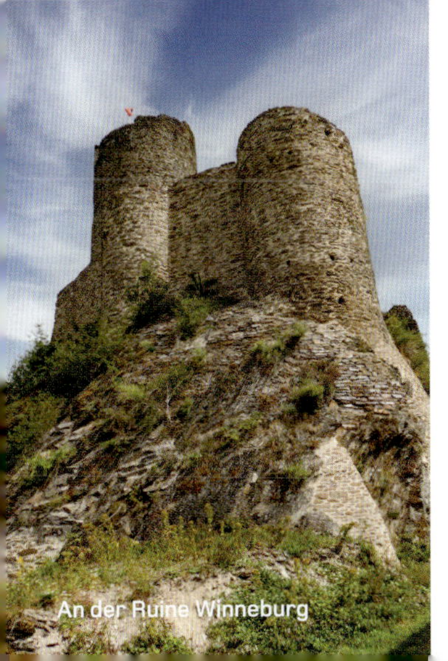

An der Ruine Winneburg

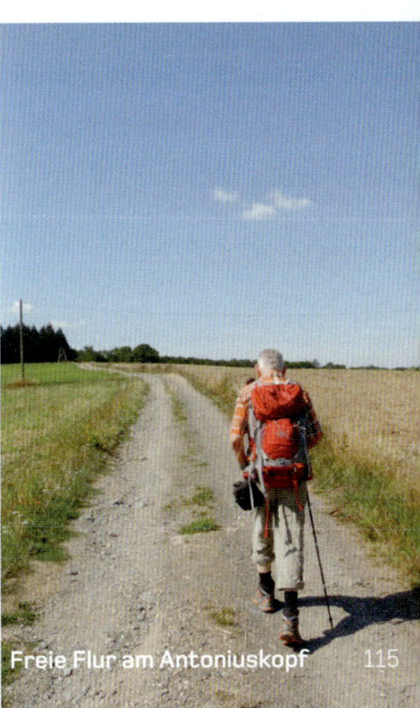

Freie Flur am Antoniuskopf

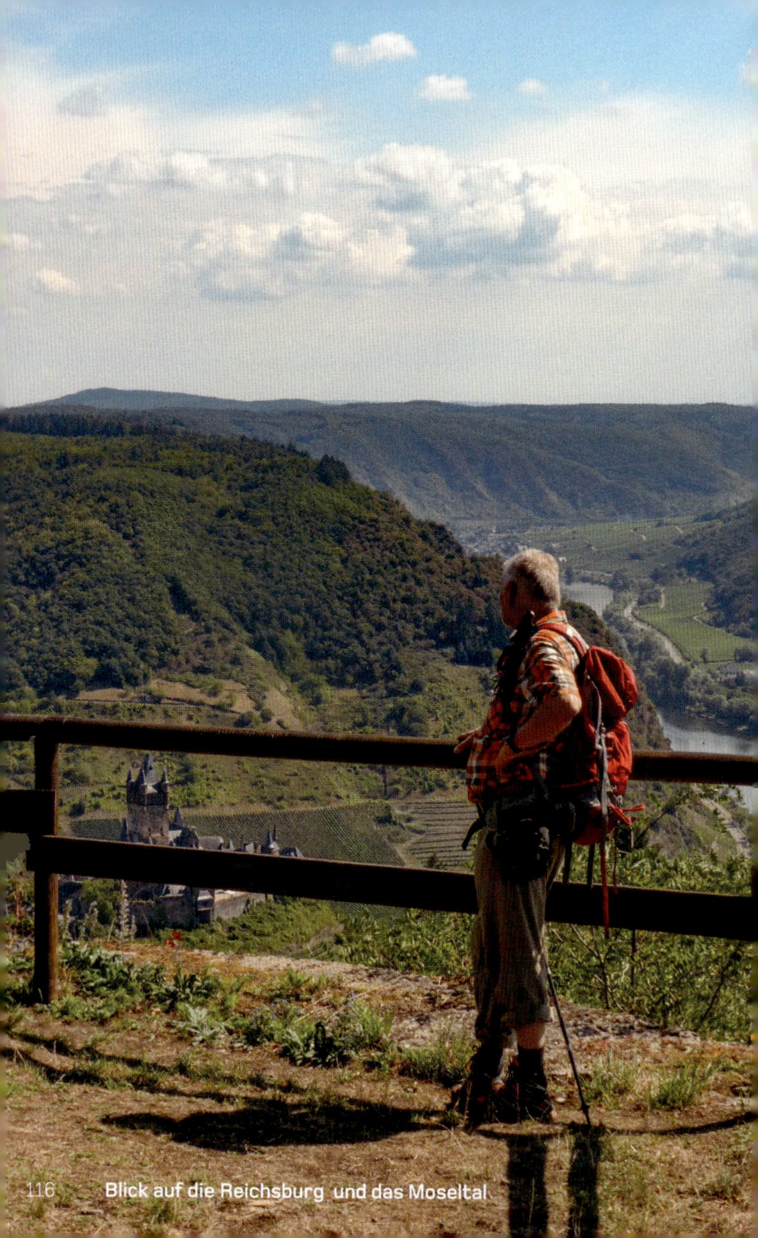

Blick auf die Reichsburg und das Moseltal

Wer die Tour an einem anderen Tag vollenden möchte, der biegt in der Wegkurve nach links und erreicht nach 2 km die Talstation. Wer nur eine kurze Pause machen möchte, dem sei an dieser Stelle der 100 m kurze Abstecher zur nahen Hütte an der Wilhelmshöhe empfohlen, die zudem eine schöne Aussicht zur Mosel bietet.

Wir hängen die Südschleife gleich dran und folgen daher den Logos rechts um die Kurve des nur noch sanft ansteigenden Forstwegs Richtung Antoniuskopf. An einem Querweg halten wir uns links und setzen den Aufstieg fort.

Nach **10.7 km** erreichen wir eine Kreuzung, an der wir geradeaus laufen und dabei vom Hochwald in eine niedere Gehölzzone wechseln. Als der Weg kurz darauf eine Kurve nach rechts schlägt, wandelt sich das Gehölz zu einem zauberhaften grünen Urwald, der dicht an uns heranrückt.

Mit einem deutlichen Rechtsknick steigen wir zu einem kleinen, im Sommer oft trockenen Rinnsaal ab, das wir mit Hilfe einiger Steine queren. Nun endet der Pfad, und wir wandern rechts auf einem Feldweg am Rand einer Weide sanft aufwärts. Am Ende der Weide biegen wir links ab und gelangen schließlich in freie Flur.

Dort wenden wir uns nach rechts und laufen nun erstmals mitten durch offene Felder. Unmittelbar vor der K 18 erreichen wir am Waldrand den Rastplatz am Antoniuskopf **(6)** und nutzen die Gelegenheit zur Pause.

Anschließend wenden wir uns nach links, biegen aber schon nach wenigen Schritten rechts auf einen Stichpfad zur Straße ab. Aufmerksam queren wir die Straße und folgen einem breiten Forstweg geradeaus in den Wald.

Abzweigende Wege ignorieren wir und gelangen bald an den Waldrand, wo sich ein weiter Blick bis in den Hunsrück öffnet. Die Aussicht begleitet uns, während wir erst am

Waldrand, später dann durch die Felder langsam abwärts laufen.

Als wir nach **12.8 km** wieder in ein Gehölz eintreten, schickt uns ein Wegweiser scharf nach links. Nur 100 m später verlassen wir den breiten Wirtschaftsweg nach rechts auf einen Pfad. Anfangs gestaltet sich der noch als normaler Waldpfad, doch bald sorgen Felsen und Gehölze für eine grandiose Atmosphäre.

Als wir dann auch noch einen Blick zur Mosel erhaschen, ist das Wanderglück auf dem teils sehr schmalen Pfad perfekt. Nach **13.8 km** knickt unser Seitensprung dann naxh rechts talwärts.

! Vorher sollte man unbedingt noch 50 m geradeaus wandern, denn dann steht man an der Hubertushöhe (7) und kann dort eine sagenhafte Aussicht auf die Reichsburg genießen und am Rastplatz in idyllischer Umgebung wieder Kräfte sammeln.

Zurück am Abzweig wandern wir dann mit dem linken Pfad talwärts und erreichen nach **14.4 km** einen kleinen Bach, den wir über einen Steg queren.

Nach kurzem Anstieg endet der Pfad an einem Forstweg, dem wir links abwärts folgen. Während wir auf dem breiten Weg zügig vorankommen, wird das Rauschen der nahen Straße immer leiser.

Unbemerkt wandern wir über den Eisenbahntunnel und passieren ein Wasserhaus. Dann knickt der Weg links in einen Hohlweg ab, der uns an den Ortsrand von Cochem bringt. Als der Asphalt beginnt, öffnet sich ein toller Blick auf die beeindruckende Reichsburg (8).

Wenig später stehen wir unterhalb der mächtigen Anlage, deren Besichtigung sich lohnt. Der Seitensprung nutzt unterhalb der Burg einen Weg zwischen Weinbergen und Gärten, um uns weiter Richtung Mosel zu führen. Bald löst ein Treppenweg den

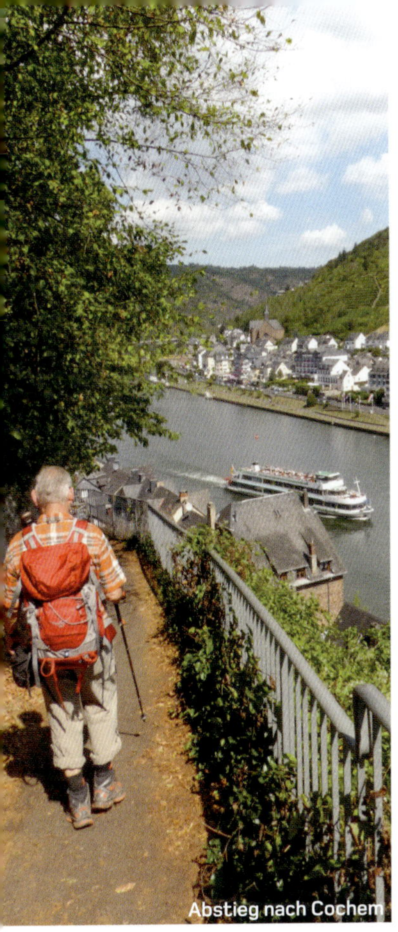
Abstieg nach Cochem

Wirtschaftsweg ab, und wir tauchen in dichtes Gehölz ein.

An einer Wegkapelle nebst Rastplatz biegen wir links ab und steigen zur nahen Peltkapelle hoch, von der wir die Mosel gut im Blick haben. Über einen asphaltierten Fußweg laufen wir nun stetig abwärts und betreten nach **16 km** durch ein Stadttor die Altstadt von Cochem.

Nun geht es mitten durch die im Sommer von unzähligen Touristen bevölkerte Innenstadt zum Carlfritz-Nicolay-Platz. Hier wenden wir uns nach links und stehen kurz darauf nach **16.6 km** wieder am „Alten Thorhaus" (1), wo diese anstrengende, aber sehr abwechslungsreiche Seitensprungtour endet.

FAZIT

Die Cochemer Ritterrunde ist ausgesprochen abwechslungsreich und verläuft häufig auf anspruchsvollen, teils steilen und stellenweise auch ausgesetzten Pfaden. Trittsicherheit ist daher essenziell. Die Tour ist aufgrund der Länge als schwer einzustufen. Der erste Aufstieg kann durch die Nutzung der Sesselbahn umgangen werden.

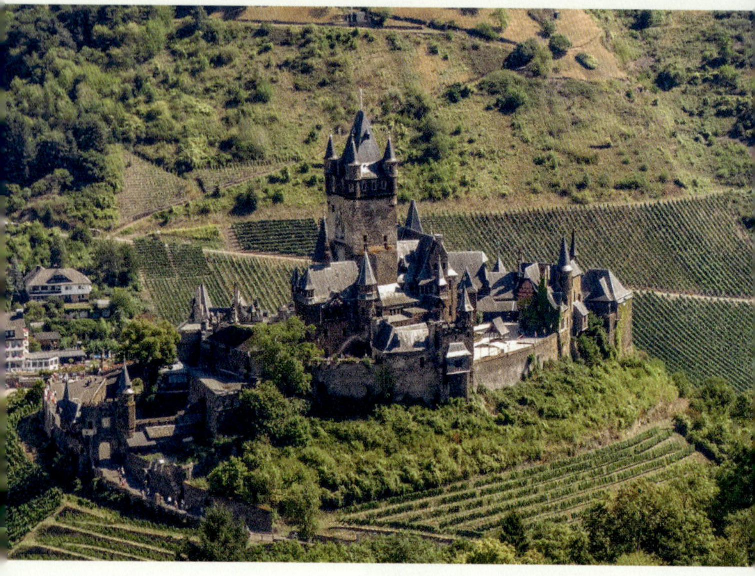

Bilderbuchburg an der Mosel

Bereits Anfang des 11. Jahrhunderts erbaute der Pfalzgraf Hermann Pusillius die Burg in Cochem. Mitte des 12. Jahrhunderts nutzte König Konrad III. einen Erbstreit der Pfalzgrafen und machte die Burg Cochem durch eigene Gefolgsleute zur Reichsburg. Der verhängnisvolle Pfälzische Erbfolgekrieg verschonte auch die Cochemer Burg nicht: 1689 wurde sie gesprengt und ging in Flammen auf. In den folgenden Jahrhunderten verfiel die Burg immer mehr. Erst Mitte des 19. Jahrhunderts nahm sich der Berliner Kaufmann Ravené der Ruine an und begann mit dem Wiederaufbau. Dabei blieben die letzten spätgotischen Reste der einstigen Reichsburg erhalten, obwohl der Wiederaufbau, der Mode in der Romantik folgend, im neugotischen Stil erfolgte. Heute befindet sich die Burg im Besitz der Stadt Cochem und ist ein beliebtes Ausflugsziel.

ⓘ www.burg-cochem.de

Mosellandtouristik, Kordelweg 1, 54470 Bernkastel-Kues ✆ 06531/9733-0 ⓘ www.mosellandtouristik.de
▪ *Tourist-Information Cochem, Endertplatz 1, 56812 Cochem, ✆ 02671/60040 ⓘ www.ferienland-cochem.de*

Hotel Restaurant Karl Müller, Moselpromenade 9, 56812 Cochem ✆ 02671/978844 ⓘ www.hotel-karl-mueller.de

Moselromantik-Hotel Thul, Brauselaystraße 27, 56812 Cochem ✆ 02671/914150 ⓘ www.hotel-thul.de
▪ *Burg Hotel, Moselpromenade 23, 56812 Cochem ✆ 02671/7117 ⓘ www.burghotel-cochem-mosel.de*

Cochem ist per Bahn erreichbar. ⓘ www.vrminfo.de

Taxi Lanne 02671/916110

Ein Rundgang durch die **Historische Senfmühle** *in Cochem regt alle Sinne an. Die voll funktionsfähige Senfmühle produziert täglich immerhin 360 kg der scharfen Paste. Der Senf wird kalt gemahlen, was die ätherischen Öle im Senf hält und zu einem besonders intensiven Geschmack beiträgt. ⓘ www.senfmuehle.net*

▪ *Im* **Wild- und Freizeitpark Klotten** *bei Cochem vergeht die Zeit wie im Flug. Der Wildpark präsentiert einheimische Tiere wie Dam- und Rotwild, Steinböcke oder Ziegen, aber auch Exoten wie Emus, Strauße oder Waschbären. Im Freizeitpark sorgen Rutschen, Seilbahn, Wasserbob oder Achterbahn für Nervenkitzel. Auch fürs leibliche Wohl ist bestens gesorgt. ⓘ www.freizeitpark-klotten.de*

Die Tour ist für Hunde problemlos zu gehen. Allerdings gibt es unterwegs kaum ganzjährig zuverlässige Wasserstellen für Vierbeiner.

10 Borjer Ortsbachpädche

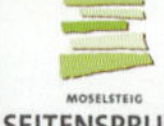

Im Tal der Forellen

9.0	3h	219	296	638 749	
km	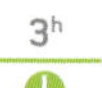	↑ ↓		♀ ♂	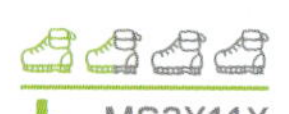 MS2X11X

Start/Ziel: Marktplatz, Burgen

Anfahrt: Entlang der Mosel über die B 49 nach Burgen. Dort kann man am Marktplatz parken.

Parken: Marktplatz Burgen
N50° 12' 42.6'' • E7° 23' 16.2''

Wegpunkte:
P1 Marktplatz Burgen
32U 385009 5563488
P2 Tripelpunkt
32 U 385024 5563342
P3 Abzweig Forellenhof
32 U 386589 5561598
P4 Hütte Waldesruh
32 U 386084 5561240
P5 Zwergenhütte
32 U 385316 5561701
P6 Dorfblick
32 U 385382 5562227

scan to go®

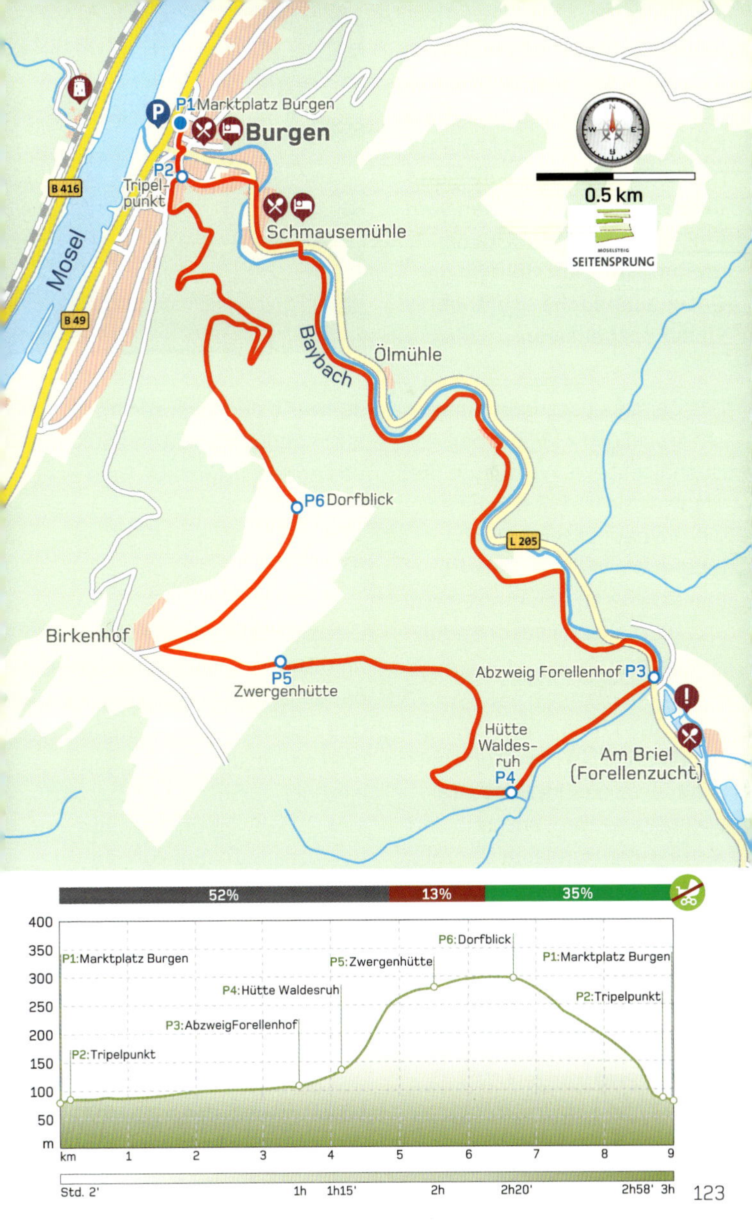
P1 Marktplatz Burgen
Burgen
P2
Tripel-
punkt
B 416
Mosel
B 49
Schmausemühle
Baybach
Ölmühle
0.5 km
MOSELSTEIG
SEITENSPRUNG
P6 Dorfblick
L 205
Birkenhof
P5
Zwergenhütte
Abzweig Forellenhof P3
Hütte
Waldes-
ruh
P4
Am Briel
(Forellenzucht)
52%
13%
35%
400
350
300
250
200
150
100
50
m
P1:Marktplatz Burgen
P2:Tripelpunkt
P3:AbzweigForellenhof
P4:Hütte Waldesruh
P5:Zwergenhütte
P6:Dorfblick
P1:Marktplatz Burgen
P2:Tripelpunkt
km
1
2
3
4
5
6
7
8
9
Std. 2'
1h
1h15'
2h
2h20'
2h58'
3h

Idyllische Einblicke entlang des unteren Baybachs, ein Forellenhof zur leckeren Einkehr unterwegs und traumhafte Blicke ins Moseltal und über die Hunsrückhöhen vom Plateau aus: Der kurzweilige Rundkurs auf dem Borjer Ortsbachpädche eröffnet viele Perspektiven.

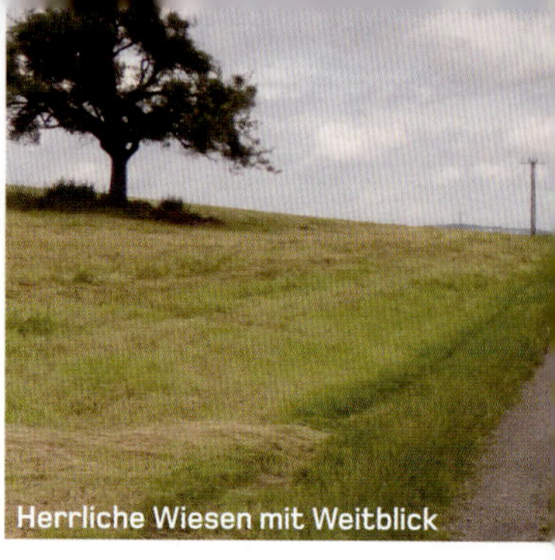
Herrliche Wiesen mit Weitblick

Los geht es mitten in Burgen, am Marktplatz (1) bei der Bushaltestelle. Wir folgen dem Wegweiser und überqueren die Baybachstraße. Dann biegen wir rechts in die Römerstraße ab und queren ein erstes Mal den rauschenden Baybach.

Nach nur **170 m** stehen wir am Tripelpunkt (2) der Tour. Da wir zuerst das idyllische Tal erkunden wollen, entscheiden wir uns, die Runde im Uhrzeigersinn zu absolvieren, und wenden uns daher an dieser Stelle links der Vorstadtstraße zu.

Rasch erreichen wir den Friedhof, wo wir geradeaus einem schmalen Pfad folgen. Über den Friedhof hinweg schweift der Blick zur hoch aufragenden Felswand auf der anderen Talseite. Bald erreichen wir die letzten Häuser von Burgen und treffen wieder auf die Baybachstraße.

Dieser folgen wir nun auf einem Gehweg nach rechts zum nahen Ortsschild. Auf Höhe des Hotels Schmausemühle queren wir die Straße, damit wir auch außerorts sicher auf einem Gehweg dem Verlauf der Straße folgen können.

Doch nach **800 m** ist es geschafft: Noch einmal queren wir die Straße und nutzen anschließend einen schmalen Steg über den Baybach, um den Auenwald des Tales zu betreten. Dabei durchschreiten wir auch das Portal des Forel-

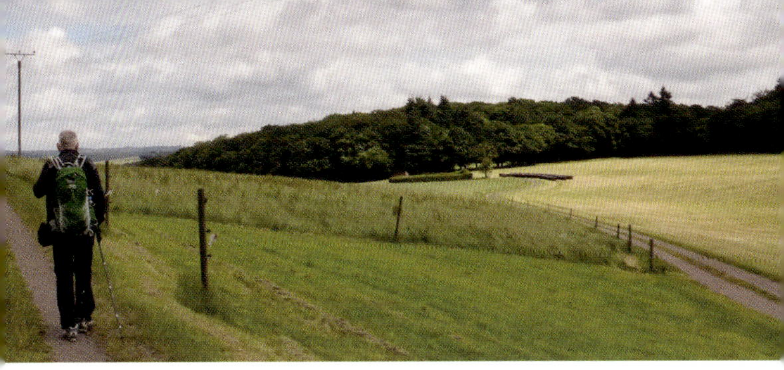

lenweges, der uns heute über weite Strecken begleitet.

Sogleich umfängt uns urige Atmosphäre, während wir auf zunächst schmalem Pfad dem gurgelnden Wasser des Baybachs talaufwärts folgen. Immer wieder strömt das Wasser über kleine Kaskaden. Üppige Vegetation säumt die Ufer, die stellenweise befestigt wurden, um den ab und an hohen Wasserständen Widerstand leisten zu können.

Nach **1.5 km** passieren wir die auf der anderen Bachseite gelegene, ehemalige Burgener Ölmühle, die längst im Dornröschenschlaf versunken ist. Nur einige Schritte später ist es die Geologie, die unsere Herzen höherschlagen lässt, denn eng drängt sich der Hunsrückschiefer an den Pfad, und an einer Stelle dürfen wir sogar unmittelbar am und unter dem Fels wandern.

Kaum weichen die Felsen in die zweite Reihe zurück, begeistert uns die artenreiche Flora am Wasser. Sogar seltene Hirschzungenfarne strecken ihre markanten Blätter dem Bach und dem Pfad entgegen und setzen saftig grüne Farbakzente. So kurzweilig unterhalten, passieren wir nach **2.1 km** die Burgener Mühle, deren Mühlrad ebenfalls lange stillsteht und die heute als Wohnhaus dient.

Filigran schwingende Holunderzweige tauchen im Frühsommer den Wanderweg in ein Spalier aus Blüten. Und wieder dauert es nicht lange, bis sich die Wegumgebung erneut verändert: Denn es folgt eine kurze Passage, in der der Baybach zumindest bei hohen Wasserständen in vielzähligen Armen eine wahre Auenlandschaft bildet. Direkt danach öffnet sich unerwartet eine weite Wiese und rundet die Facetten des Baybachtales mit neuer Perspektive ab.

Am Ende der Wiese wechseln wir wieder in den Wald und wandern entlang des nun eher ruhig strömenden Baybachs zur Baybachstraße. Auf einem Fußgängerstreifen erreichen wir bald den Abzweig zum 200 m entfernten Forellenhof. Vom Rastplatz (3) aus haben wir nach **3.6 km** übrigens auch Anschluss an die Traumschleife Murscher Eselsche, die auf der anderen Straßenseite zum Forellenhof und von dort zurück nach Morshausen führt (▸ Traumschleifen Band 3).

Wir bleiben für heute aber unserem Seitensprung treu und wenden uns rechts dem Seitental des Ortseifen zu. Noch präsentiert sich der nun beginnende Aufstieg zum Moselplateau sehr gemächlich. Auf breitem Wirtschaftsweg dringen wir immer weiter in das unberührte Tal und freuen uns im Frühsommer über leckere Walderdbeeren am Wegesrand. Dann schließt sich die Waldkulisse um uns, und mächtige Nadelbäume spenden Schatten.

Nach **4.2 km** treffen wir an der schmucken Schutzhütte Waldesruh (4) ein, die ihrem Namen alle Ehre macht. Gerne nutzen wir die Gelegenheit zur Rast, denn nun wird es richtig anstrengend. Deutlich steiler als zuvor führt uns der Waldweg bergan. Nach einer markanten Rechtskurve wird es noch steiler, und nun ist Kondition wichtig. Wanderstöcke helfen den Hang zu erklimmen, dessen Bewuchs sich immer mehr zum Laubmischwald wandelt.

Einen rechts abzweigenden Weg ignorieren wir, und als wir nach **4.9 km** an einer großen Waldkreuzung eintreffen, liegt

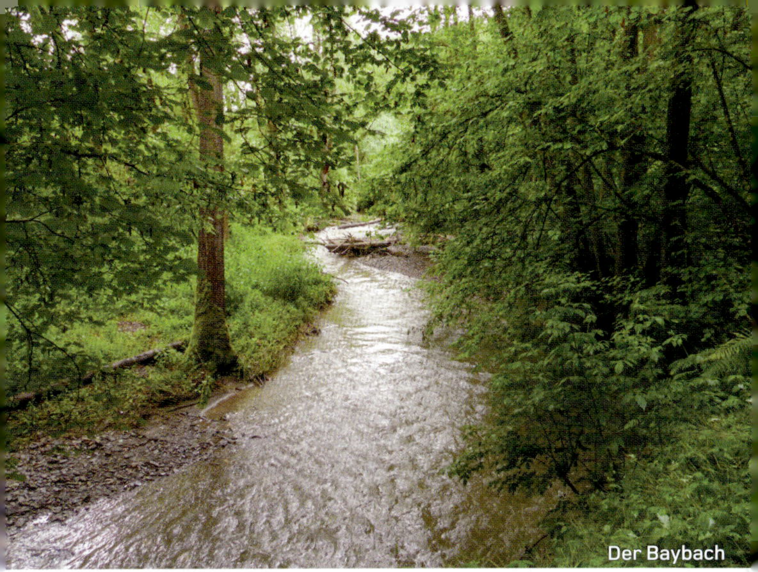

Der Baybach

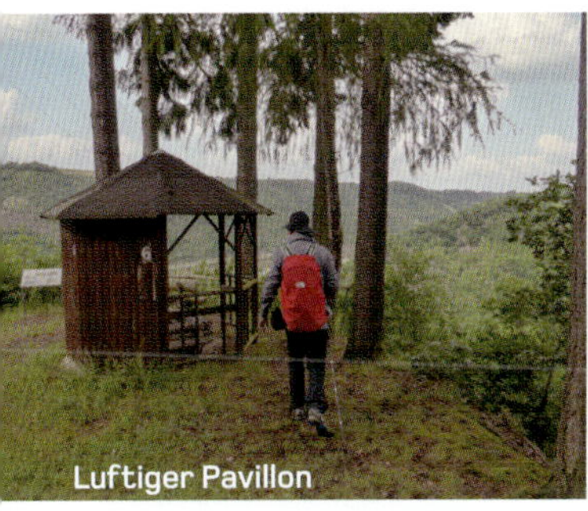
Luftiger Pavillon

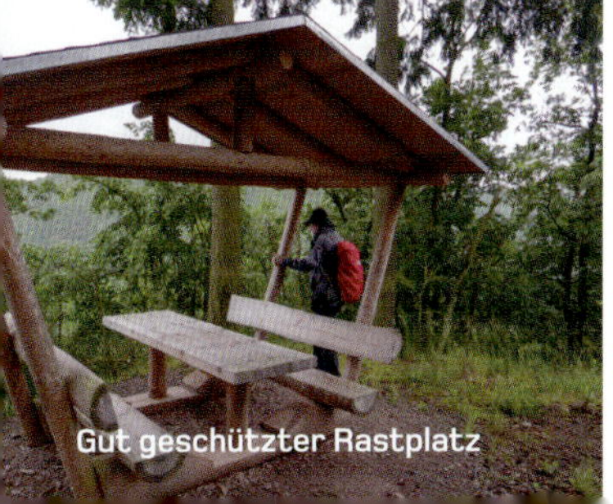
Gut geschützter Rastplatz

das anstrengendste Wegstück bereits hinter uns. Zwar wandern wir weiter geradeaus noch immer aufwärts, doch der Anstieg durch den Buchenhochwald ist mittlerweile sehr moderat.

Abzweigende Wege lassen wir unbeachtet, während wir dem vielstimmigen Vogelgezwitscher lauschen. Nach **5.5 km** erreichen wir nicht nur den Waldrand, sondern auch die nächste Schutzhütte. Neben der Zwergenhütte (5) laden auch einige Bänke zur gemütlichen Rast im Grünen ein.

Nach der Pause schickt uns der Wegweiser hinaus ins freie Feld.

! An das dort avisierte Ziel „Schinderhanneshöhle" sollten wir keine allzu großen Erwartungen knüpfen: Die Höhle wird nicht vom Weg berührt, sondern liegt deutlich neben und unterhalb der Route. Ein Zuweg ist derzeit nicht ausgewiesen.

Wir wandern nun auf bequemem Feldweg durch die wogenden Wiesen und Felder und genießen den Blick Richtung Moseltal. Unweit des Birkenhofs knickt die Route scharf rechts ab, und nun sind es das Baybachtal und die Hunsrückhöhen, die im Fokus der herrlichen Aussicht liegen.

Nach **6.7 km** erreichen wir den Dörferblick **(6)**, wo auch der Weg zur Schinderhanneshöhle abbiegen würde. Eine Tafel erläutert die grandiose Panoramaaussicht, die wir von der parat stehenden Bank in vollen Zügen genießen.

Wir rappeln uns auf und setzen die Wanderung fort. Allmählich rücken Hecken enger an den Weg, der sich nun auch langsam absenkt. Noch einmal passieren wir eine Wiese, dann treten wir wieder in den Wald ein. Duftende Douglasien stehen Spalier und bringen uns zum ersten Blick auf die Mosel: Vom Dattelblick aus sehen wir Moselkern.

Wenig später knickt der Weg rechts ab, und an der Hangkante steht ein überdachter Rastplatz mit eingeschränkter Sicht zur Mosel für eine weitere Pause bereit. Anschließend schraubt sich der Forstweg mit einigen Schlenkern deutlich talwärts, wobei mal wieder schroffe und beeindruckende Felsen unsere Aufmerksamkeit fesseln.

Nach **8.1 km** bietet ein kleiner luftiger Pavillon am Moselblick eine letzte Möglichkeit zur Rast, wobei nun Burgen und die vom Anfang bekannte Felswand im Baybachtal unseren Blick auf sich ziehen. Beschwingt setzen wir den Abstieg fort, meistern einen

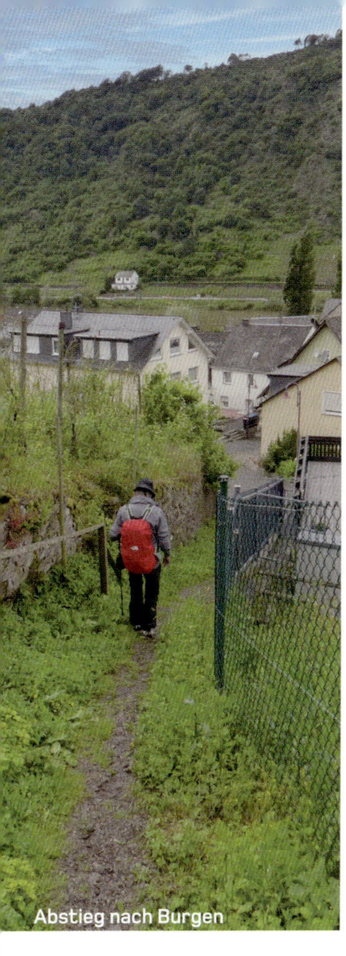
Abstieg nach Burgen

erneuten scharfen Knick nach rechts, bevor wir, deutlich tiefer, den Logos nach links folgen. Dann müssen wir etwas aufmerksam sein, denn nur wenige Meter später verlassen wir den befestigten Weg und wenden uns rechts einem sehr steil abfallenden Grasweg zu. Als wir einen etwas verwilderten Weinberg erreichen, helfen Felsstufen und ein Geländer talwärts, doch Vorsicht: Besonders bei Nässe ist diese Passage rutschig.

Hinter den Rebzeilen erreichen wir die ersten Häuser und treffen an einer Kapelle auf die Römerstraße. Der wenden wir uns rechts zu und wandern nun wieder ins Zentrum von Burgen. Wir passieren den Tripelpunkt (2), queren ein letztes Mal den Baybach und treffen nach **9 km** und einer kurzweiligen Wanderung wieder am Marktplatz von Burgen (1) ein.

FAZIT

Das Borjer Ortsbachpädche verlangt normale Kondition und Trittsicherheit. Die Passage im Baybachtal kann nasse Stellen aufweisen – daher ist knöchelhohes Schuhwerk wichtig.

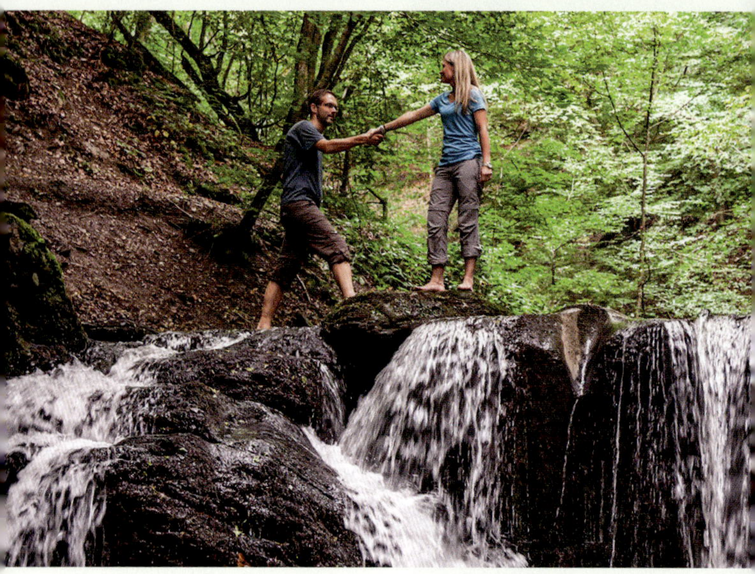

Die Kraft des Wassers

Der etwa 10 km lange Premium-Rundweg „Traumschleife Baybachklamm" war der erste Mittelgebirgs-Premiumrundweg, der die 90-Punkte-Marke bei der Zertifizierung durch das Deutsche Wanderinstitut erreichte. Und tatsächlich: Schon nach wenigen Schritten verzaubert gerade diese Traumschleife den Wanderer mit Wandergenuss auf allerhöchstem Niveau. Urwüchsige Natur, rauschende Bäche und die Kletterpartien durch die wildromantische Baybachklamm sorgen für einen unvergesslichen, wenn auch etwas anspruchsvollen Wandertag. Entlang des Baybachs nutzten einst 33 Mühlen die Kraft des Wassers. Neben Getreidemühlen gab es auch Öl- und Sägemühlen, die vom Baybach angetrieben wurden. Am bekanntesten ist heute noch die Schmausemühle (nicht zu verwechseln mit dem gleichnamigen Hotel in Burgen!), die mitten im wildromantischen Tal zu Einkehr und Übernachtung lädt.

Mosellandtouristik, Kordelweg 1, 54470 Bernkastel-Kues ✆ 06531/9733-0 ⓦ www.mosellandtouristik.de ▪ Tourist-Information Sonnige Untermosel, Moselstr. 7, 56332 Alken, ✆ 02605/8472736, ⓦ www.sonnige-untermosel.de

Hotel & Restaurant Forellenzucht, Im Baybachtal, 56332 Burgen/Macken, ✆ 02605-4640, ⓦ www.hotel-forellenzucht.de, ▪ Café Hotel Garni Aroma, Bergstr. 1, 56332 Burgen, ✆ 02605/8497637, ⓦ www.cafe-hotel-aroma.de

Mosellandhotel Waldeck, Baybachstr. 37, 56332 Burgen, ✆ 02605/3386, ⓦ www.mosellandhotel-waldeck.de ▪ Hotel „Schmause Mühle", Baybachstr. 50, 56332 Burgen, ✆ 02605/776, ⓦ www.schmause-muehle.de

Burgen ist von Koblenz Hauptbahnhof aus mit der Buslinie 301 zu erreichen. ⓦ www.vrminfo.de

Taxi Ewald, Alte Moselstr. 5, 56332 Löf, ✆ 02605-4700,

Hunde können die Tour ohne Schwierigkeiten laufen. Am Baybach gelangen sie ab und an ans Wasser.

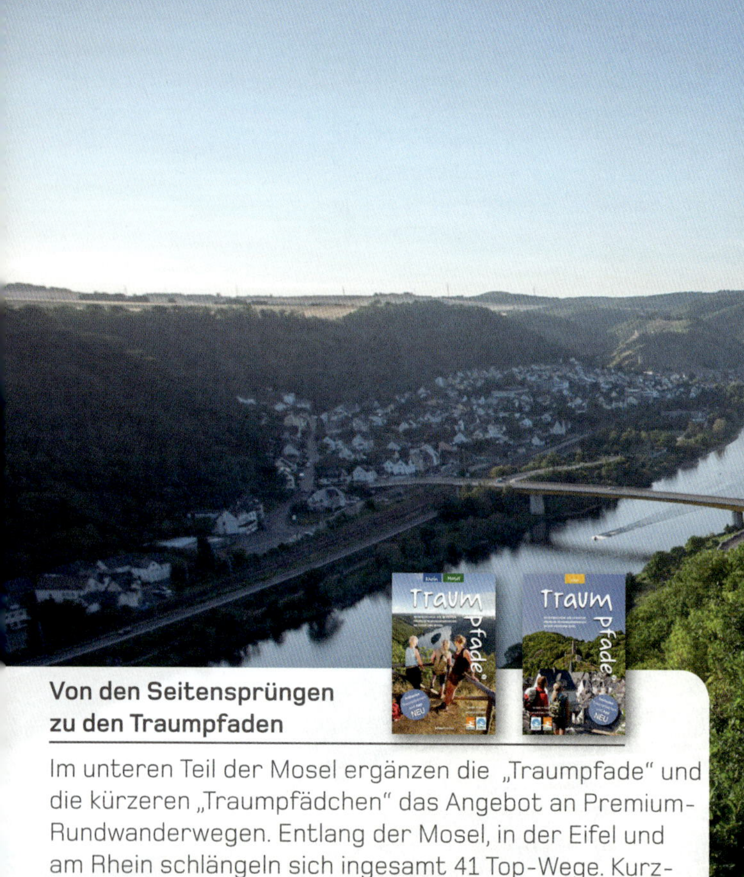

Von den Seitensprüngen zu den Traumpfaden

Im unteren Teil der Mosel ergänzen die „Traumpfade" und die kürzeren „Traumpfädchen" das Angebot an Premium-Rundwanderwegen. Entlang der Mosel, in der Eifel und am Rhein schlängeln sich ingesamt 41 Top-Wege. Kurzsteckbriefe der Touren links und rechts des Moselufers und in den Seitentälern finden Sie auf den folgenden Seiten. Ausführlich werden alle Traumpfade und Traumpfädchen in zwei Pocket-Ausgaben beschrieben.

Nähere Infos unter **www.ideemediashop.de**

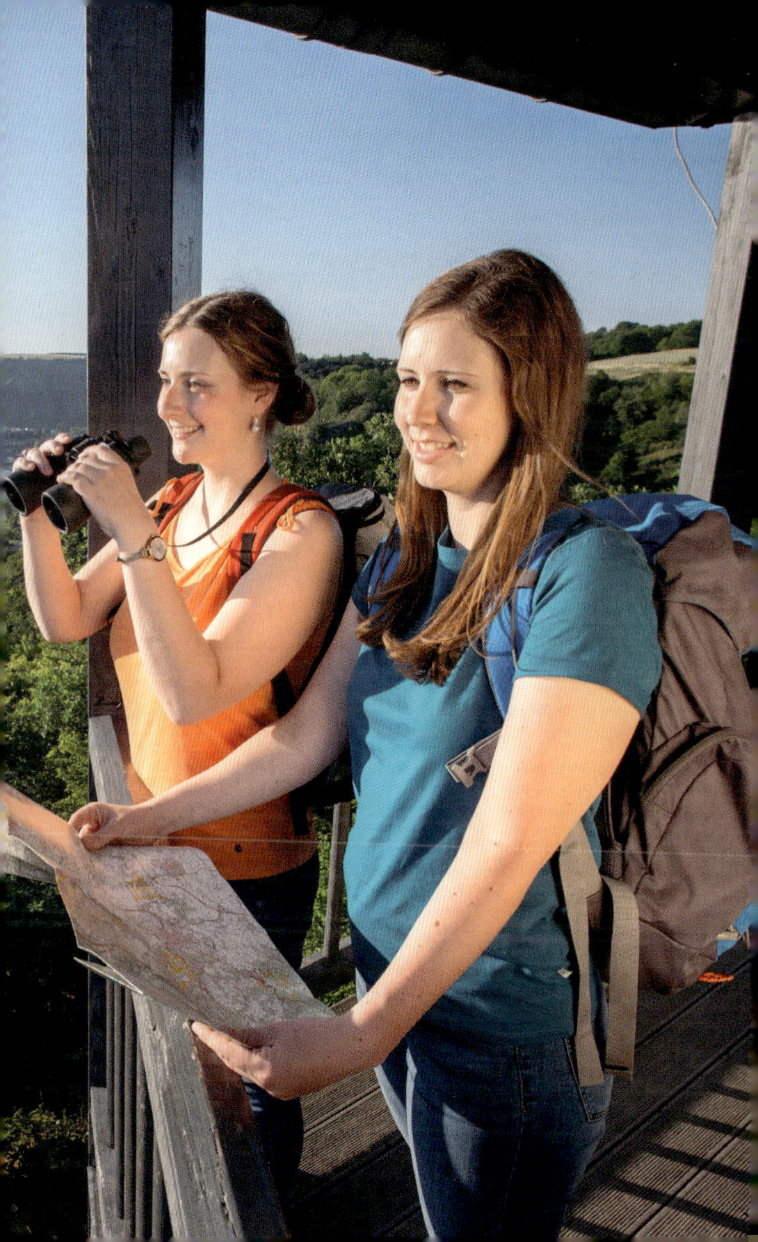

11 Traumpfad Pyrmonter Felsensteig

Start/Ziel: Parkplatz bei Burg Pyrmont an der K 27

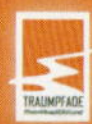

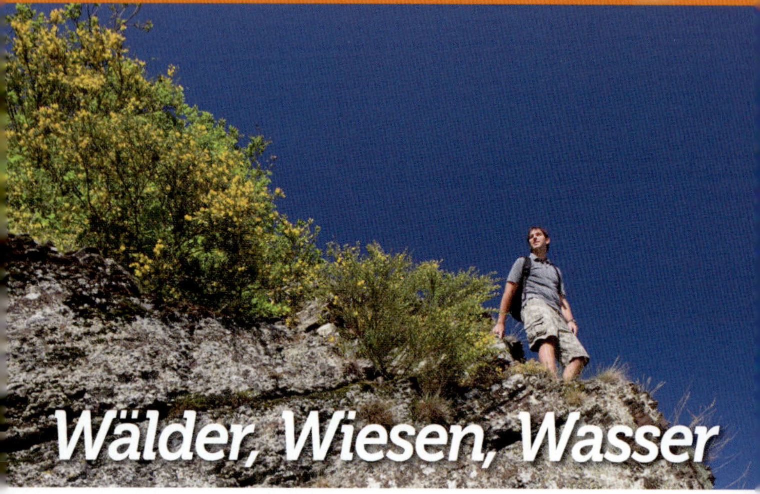

Wälder, Wiesen, Wasser

11.5	3h 25min	403	348	865 1015	TP1XT1X
km					

Tourist-Info: Touristik-Information Maifeld, Münsterplatz 6, 56294 Münstermaifeld ✆ 2605/ 9615026 @ www.maifeldurlaub.de

Anfahrt: A 48 bis zur Abfahrt Kaifenheim. Weiter über die L 109 nach Roes. Auf der K 27 Richtung Burg Pyrmont dem Parkleitsystem folgen.

Parkplatz: Burg Pyrmont (K 27)
N50° 14' 17.7'' • E7° 17' 14.3''

ÖPNV: Mo.-Fr. Linie 734 von Kaisersesch Bf. Richtung Treis-Karden bis Roes Mitte
■ Sa.-So. Linie 330 „Burgenbus" von Treis-Karden Richtung Burg Pyrmont bis Pyrmonter Mühle

Ein Wanderweg wie aus dem Bilderbuch: ein rauschender Wasserfall, steile Felsen, ein quirliger Fluss, herrliche Aussichten, die Kammer des Teufels und eine stolze Burg. Der Pyrmonter Felsensteig verbindet auf seinen knapp 12 000 Metern Wanderspaß und Kulturgenuss.

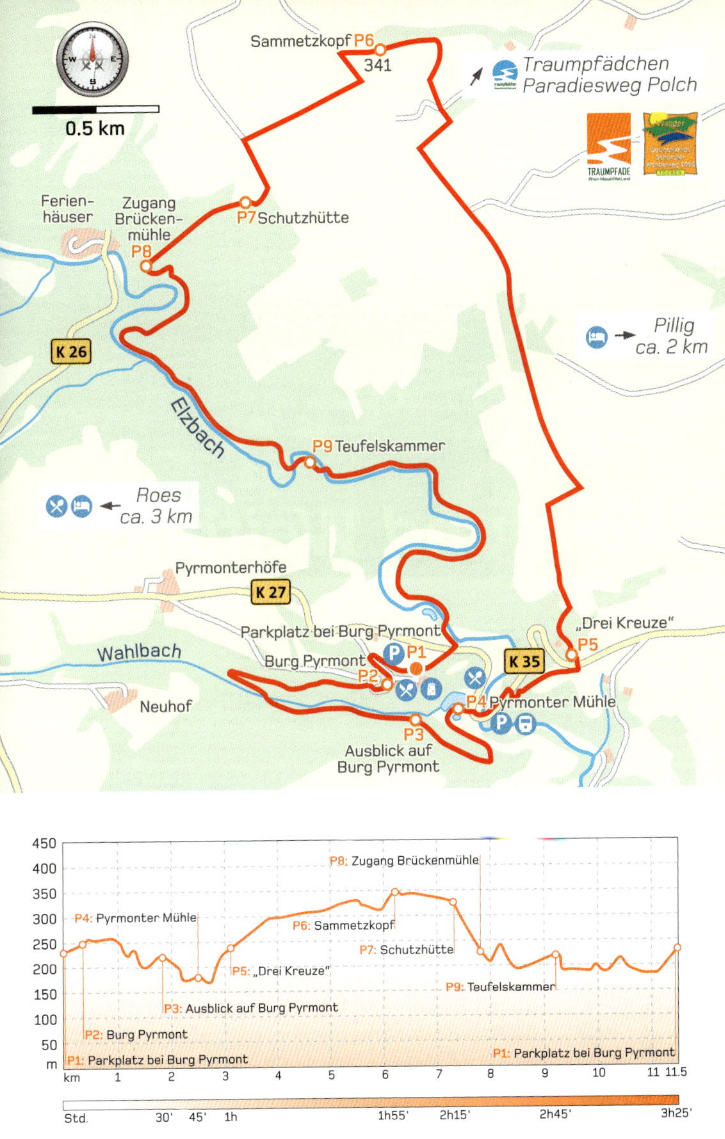
Sammetzkopf P6
341
Traumpfädchen
Paradiesweg Polch
0.5 km
TRAUMPFADE
Ferien-
häuser
Zugang
Brücken-
mühle
P8
P7 Schutzhütte
K 26
Pillig
ca. 2 km
Elzbach
P9 Teufelskammer
Roes
ca. 3 km
Pyrmonterhöfe
K 27
Parkplatz bei Burg Pyrmont
„Drei Kreuze"
P5
Wahlbach
Burg Pyrmont
P1
P2
K 35
Neuhof
P4 Pyrmonter Mühle
P3
Ausblick auf
Burg Pyrmont
450
400
350
300
250
200
150
100
50
m
P8: Zugang Brückenmühle
P4: Pyrmonter Mühle
P6: Sammetzkopf
P7: Schutzhütte
P5: „Drei Kreuze"
P9: Teufelskammer
P3: Ausblick auf Burg Pyrmont
P2: Burg Pyrmont
P1: Parkplatz bei Burg Pyrmont
P1: Parkplatz bei Burg Pyrmont
km 1 2 3 4 5 6 7 8 9 10 11 11.5
Std. 30' 45' 1h 1h55' 2h15' 2h45' 3h25'

12 Traumpfad Hatzenporter Laysteig

Start/Ziel: Parkplatz Bahnhof Hatzenport

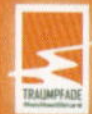

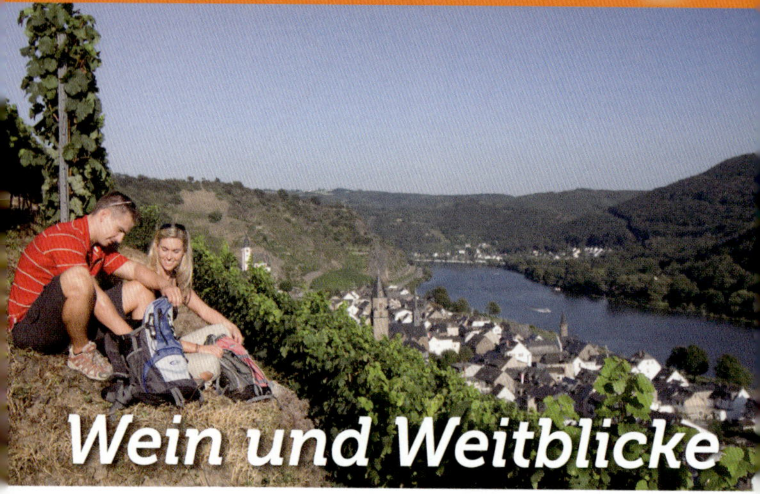

Wein und Weitblicke

11.9	3h 30min	442	252	906 1063	
km					TP12TX8

Tourist-Info: Sonnige Untermosel, Moselstraße 7, 56332 Alken 02605/8472736 www.sonnige-untermosel.de

Parkplatz: Bahnhof Hatzenport N50° 13' 38.9'' • E7° 24' 47.4''
▪ Parkplatz am Fährturm N50° 13' 35.5'' • E7° 24' 46.2''

Anfahrt: B 416 entlang der Mosel nach Hatzenport. Parkmöglichkeit unweit des Fährturms an der Moselstraße. Anreise mit der Bahn zum Bahnhof Hatzenport.

ÖPNV: RB 81 „Moseltal-Bahn" (täglich) von Koblenz Richtung Trier bis Hatzenport Bahnhof

scan to go®

Der Hatzenporter Laysteig führt mitten durch Reben und herrliche Natur zu grandiosen Panoramablicken, hält aber mit dem Dolling Klettersteig auch herausfordernde Passagen bereit.

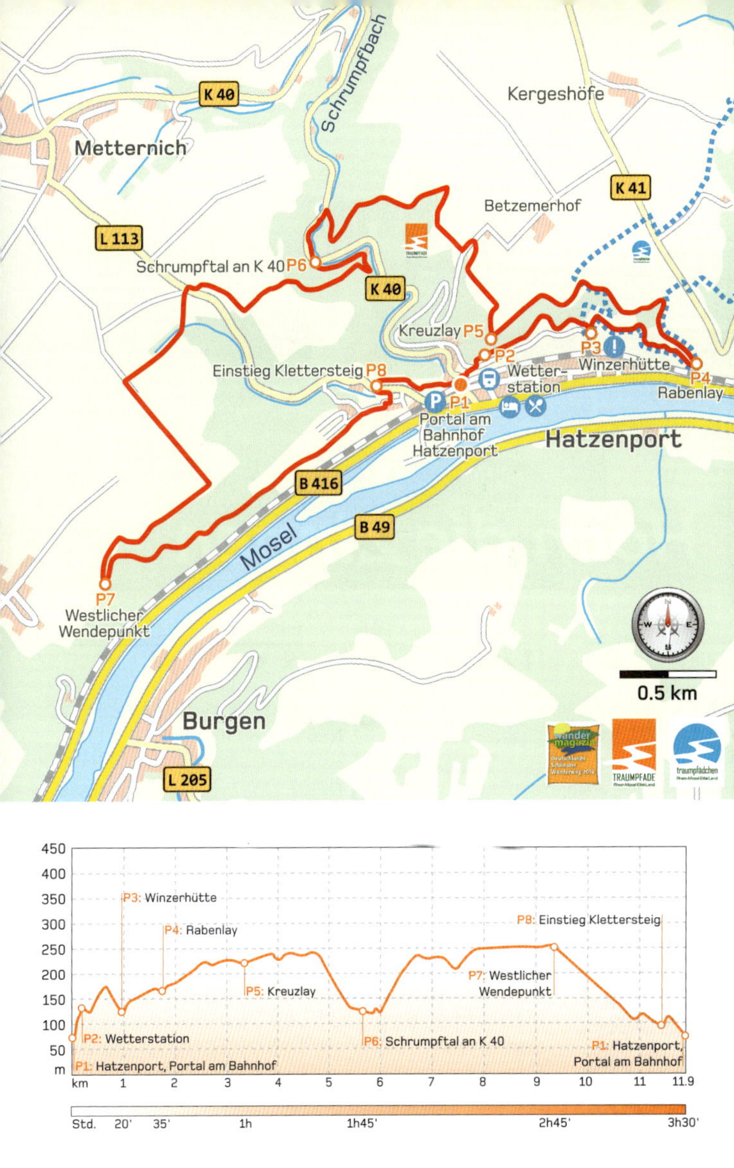
K 40
Schrumpfbach
Kergeshöfe
Metternich
K 41
Betzemerhof
L 113
Schrumpftal an K 40 P6
K 40
Kreuzlay P5
P2
P3
Winzerhütte
P4
Rabenlay
Einstieg Klettersteig P8
Wetter-
station
P1
Portal am
Bahnhof
Hatzenport
Hatzenport
B 416
B 49
Mosel
P7
Westlicher
Wendepunkt
0.5 km
Burgen
L 205
TRAUMPFADE
traumpfädchen
450
400
350
300
250
200
150
100
50
m
P3: Winzerhütte
P4: Rabenlay
P5: Kreuzlay
P2: Wetterstation
P1: Hatzenport, Portal am Bahnhof
P6: Schrumpftal an K 40
P7: Westlicher
Wendepunkt
P8: Einstieg Klettersteig
P1: Hatzenport,
Portal am Bahnhof
km 1 2 3 4 5 6 7 8 9 10 11 11.9
Std. 20' 35' 1h 1h45' 2h45' 3h30'

13 Traumpfad Eltzer Burgpanorama

Start/Ziel: Dorfgemeinschaftshaus Wierschem

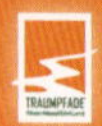

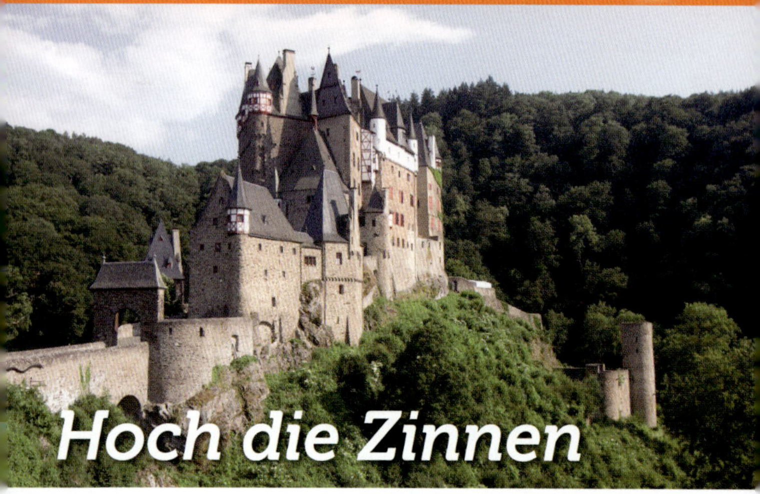

Hoch die Zinnen

12.6	3h 45min	330	289	882 1035	
km					TP13TX7

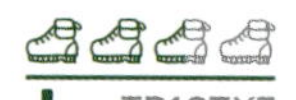

Tourist-Info: Verbandsgemeinde Maifeld, Am Marktplatz 4, 56751 Polch 02654/9402120 www.maifeldurlaub.de

Anfahrt: A 48 bis Abfahrt Trimbs. Nun folgt man der L 113 nach Münstermaifeld. Dann die K 38 (Pappestraße) nach Wierschem.

Parkplatz: In den Wiesen
N50° 13' 33.9'' • E7° 20' 51.0''

ÖPNV: Mo.-Fr. Linie 337 von Mayen Richtung Hatzenport Bf. bis Wierschem Brunnen
■ Sa./So. Linie 330 „Burgenbus" von Treis-Karden Richtung Burg Pyrmont bis Wierschem Brunnen.

Von der Hochfläche hinab ins geheimnisvolle Elzbachtal: Begleitet vom murmelnden Wasser, erwartet uns auf halber Strecke die Burg Eltz. Stolz ragen die Türme und Zinnen in den Himmel. Geradezu königlich präsentiert sich der gesamte Traumpfad mit anspruchsvollen Bergpassagen und fürstlichen Fernblicken.

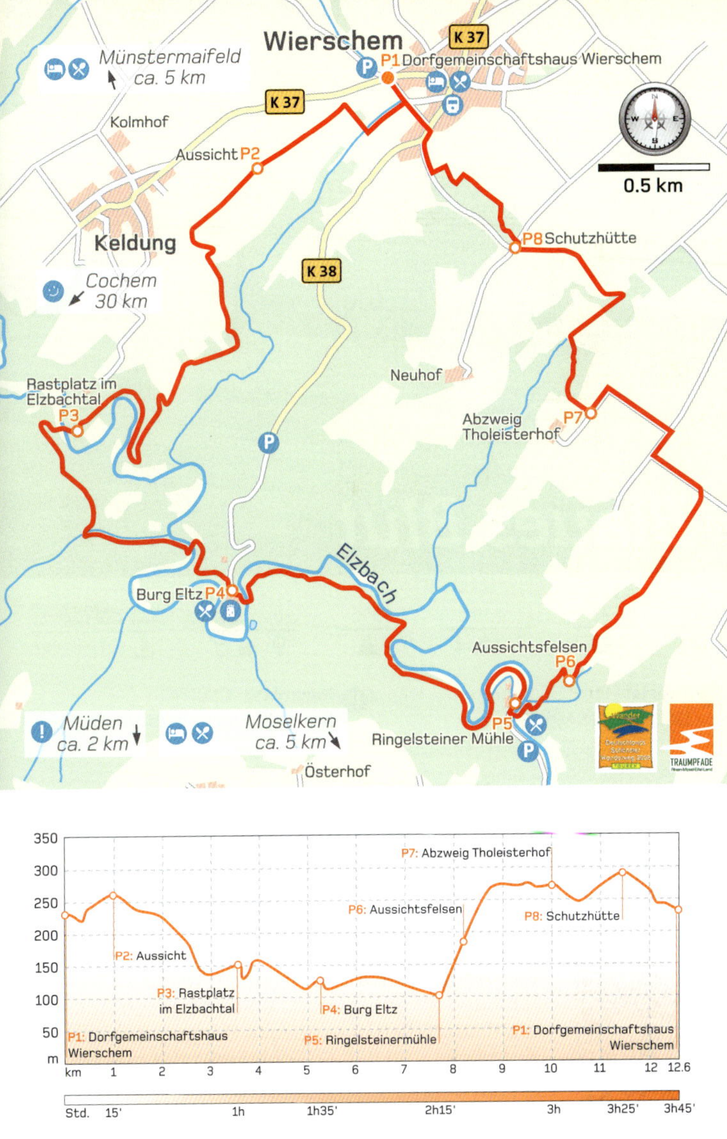

Wierschem
K 37
Münstermaifeld
ca. 5 km
P1 Dorfgemeinschaftshaus Wierschem
K 37
Kolmhof
Aussicht P2
0.5 km
Keldung
P8 Schutzhütte
K 38
Cochem
30 km
Neuhof
Rastplatz im
Elzbachtal
P3
Abzweig
Tholeisterhof
P7
Elzbach
Burg Eltz P4
Aussichtsfelsen
P6
P5
Müden
ca. 2 km
Moselkern
ca. 5 km
Ringelsteiner Mühle
Österhof
TRAUMPFADE
350
300
250
200
150
100
50
m
P7: Abzweig Tholeisterhof
P6: Aussichtsfelsen
P8: Schutzhütte
P2: Aussicht
P3: Rastplatz
im Elzbachtal
P4: Burg Eltz
P1: Dorfgemeinschaftshaus
Wierschem
P5: Ringelsteinermühle
P1: Dorfgemeinschaftshaus
Wierschem
km 1 2 3 4 5 6 7 8 9 10 11 12 12.6
Std. 15' 1h 1h35' 2h15' 3h 3h25' 3h45'

14 Traumpfad Bleidenberger Ausblicke

Start/Ziel: Startportal, Oberfell

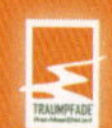

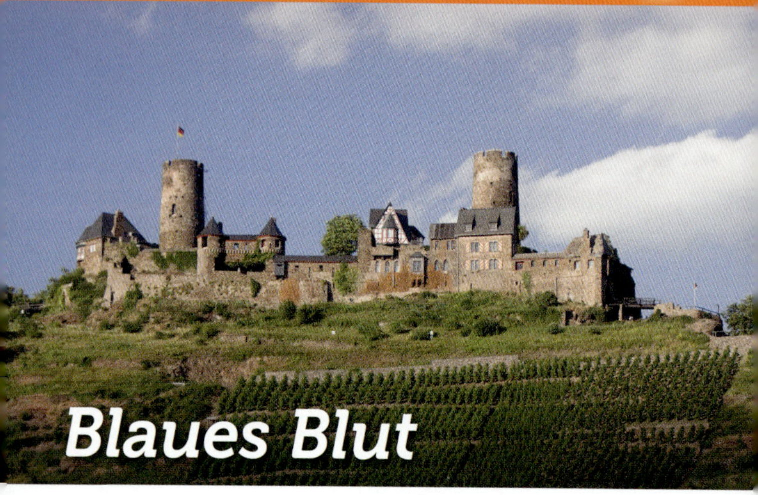

Blaues Blut

12.7 km	3h 45min	549 ↑ ↓	368	1012 1187	TP14TX6

Tourist-Info: Sonnige Untermosel, Moselstraße 7, 56332 Alken ✆ 02605/8472736 www.sonnige-untermosel.de

Anfahrt: B 49 nach Oberfell oder von der A 61 bis Abfahrt Waldesch, weiter über die B 327 und die K 71

Parkplatz: Oberfell
N50° 15' 30.7'' • E7° 26' 47.1''

ÖPNV: Täglich, Linie 301 von Koblenz Hbf Richtung Burgen bis Oberfell Mitte

Der Adel wusste schon immer, wo es schön ist – und so entstanden an den besten Aussichtspunkten prachtvolle Burgen. Königliche Ausblicke und historische Einblicke gewährt die Tour rund um Oberfell. Auf den Spuren von Kelten und Rittern bietet sie tolle Naturhöhepunkte und reichlich Abwechslung.

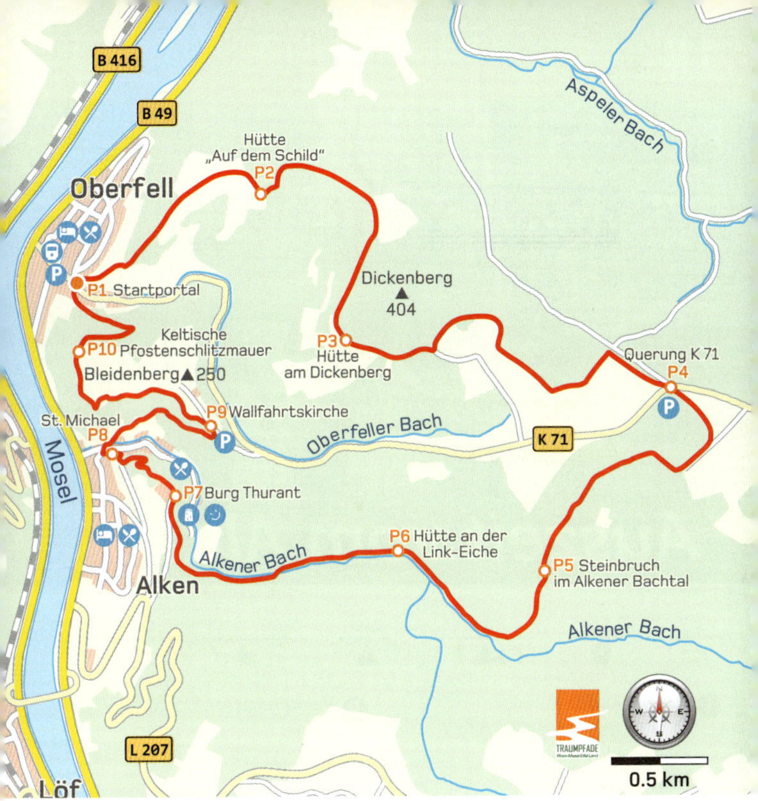

B 416
B 49
Hütte „Auf dem Schild"
P2
Oberfell
Aspeler Bach
Dickenberg
404
P1 Startportal
Keltische
P10 Pfostenschlitzmauer
Bleidenberg 250
P3
Hütte
am Dickenberg
Querung K 71
P4
P9 Wallfahrtskirche
St. Michael
P8
Oberfeller Bach
K 71
Mosel
P7 Burg Thurant
P6 Hütte an der Link-Eiche
Alkener Bach
P5 Steinbruch im Alkener Bachtal
Alken
Alkener Bach
L 207
Löf
TRAUMPFADE
0.5 km

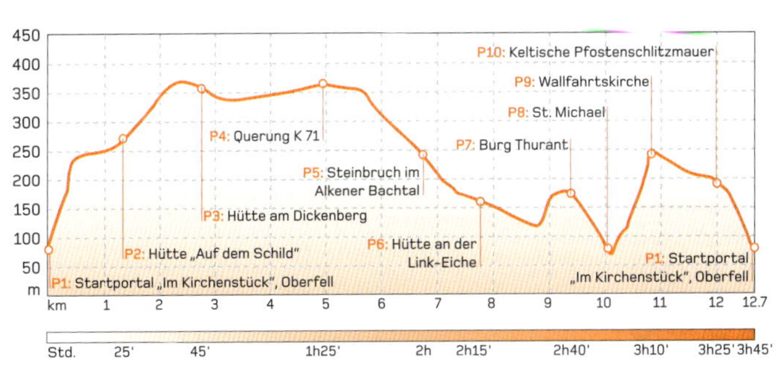

15 Traumpfad Schwalberstieg

Start/Ziel: Portal an der Linkemühle

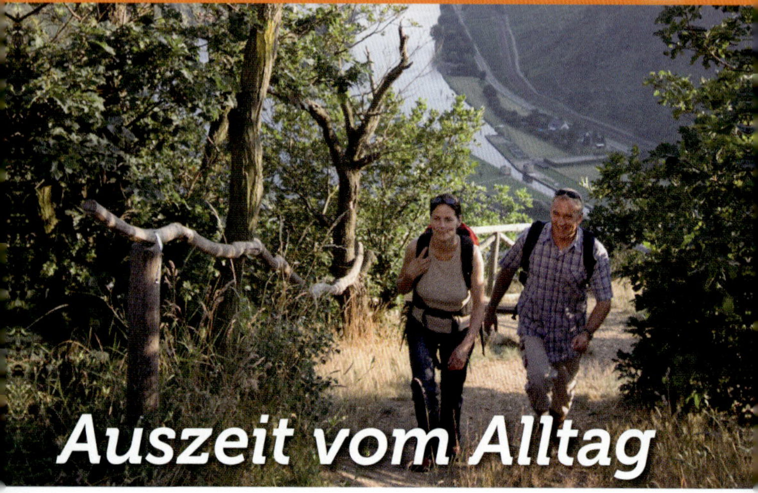

TRAUMPFADE

Auszeit vom Alltag

13 km | 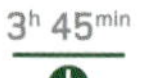 3h 45min | 408 ↑↓ | 348 ▲ | 942 ♀ 1105 ♂ | TPX9T11

Tourist-Info: Sonnige Untermosel, Moselstraße 7, 56332 Alken ✆ 02605/8472736 www.sonnige-untermosel.de

Anfahrt: B 49 entlang der Mosel nach Niederfell. Oder A 61, Abfahrt Koblenz-Dieblich, und die B 411 zur B 49, dann bis Niederfell.

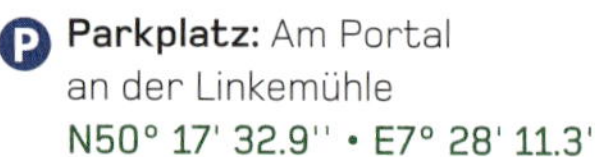

Parkplatz: Am Portal an der Linkemühle
N50° 17' 32.9'' • E7° 28' 11.3''

ÖPNV: Täglich, Linie 301 von Koblenz Hbf Richtung Burgen bis Niederfell Unter den Linden.

scan to go®

Stille, Wasser, Wald und Weitsicht(en) prägen den Schwalberstieg. Der Traumpfad führt durch verwunschene Täler, teils unberührte Natur und wohltuend stille Wälder. Alltagshektik hat hier keine Chance – angesichts der grandiosen Ausblicke vom Moselplateau bietet die Tour Entspannung pur.

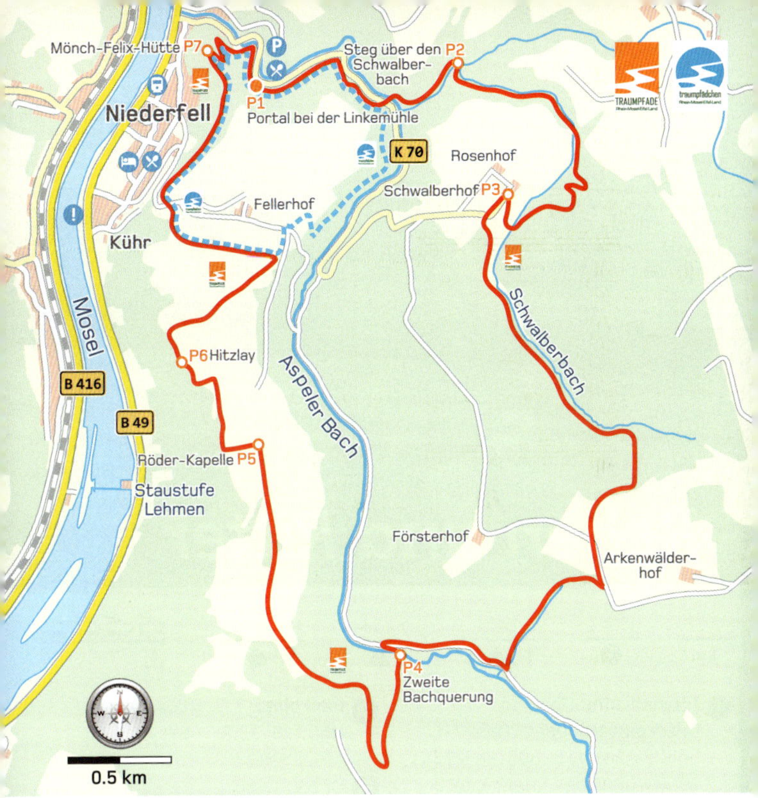

Mönch-Felix-Hütte P7
Steg über den P2 Schwalberbach
Niederfell
P1 Portal bei der Linkemühle
K 70
Rosenhof
Schwalberhof P3
Fellerhof
Kühr
Mosel
Schwalberbach
Aspeler Bach
P6 Hitzlay
B 416
B 49
Röder-Kapelle P5
Staustufe Lehmen
Försterhof
Arkenwälderhof
P4 Zweite Bachquerung
TRAUMPFADE Rhein-Mosel-Eifel-Land
traumpfädchen Rhein-Mosel-Eifel-Land
0.5 km

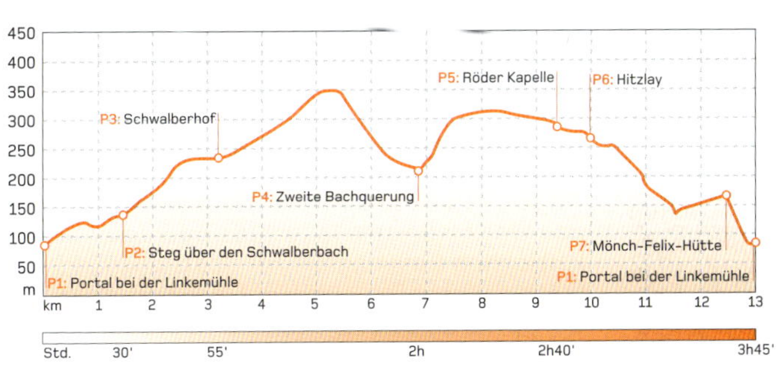

16 Traumpfad Koberner Burgpfad

Start/Ziel: Kobern, Friedhof

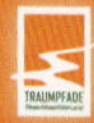

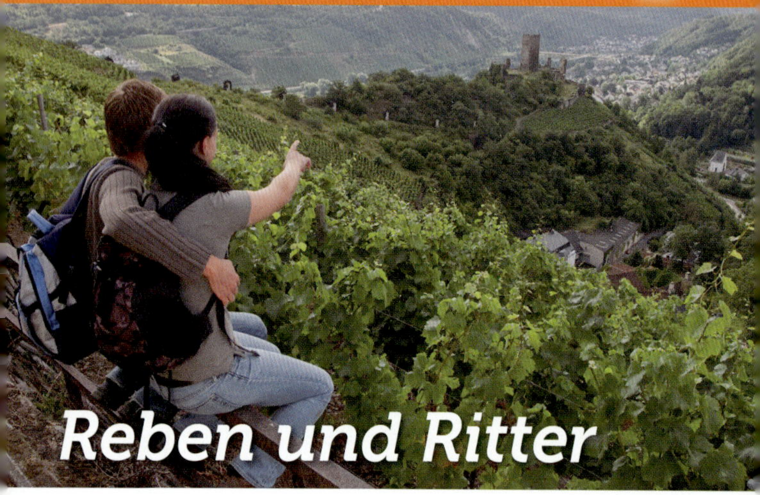

Reben und Ritter

16.7	5h	521	296	1218 1430	TP11TX9
km		↑ ↓			

Tourist-Info: Sonnige Untermosel, Moselstraße 7, 56332 Alken 02605/8472736 www.sonnige-untermosel.de

Anfahrt: B 416 entlang der Mosel nach Kobern-Gondorf. Anreise per Bahn zum Bahnhof Kobern-Gondorf.

Parkplatz: Pfarrhaus N50° 18' 33.3'' • E7° 27' 19.6''

ÖPNV: Täglich, Linie RE 1 „Mosel-Saar-Express" oder RB 81 „Moseltal-Bahn" Koblenz Richtung Trier bis Kobern-Gondorf Bf.

Taiga-Träume und Ritter-Romantik, grandiose Weitblicke und lauschige Bachtäler: Vom keltischen Goloring bis zur spätromanischen Matthiaskapelle verspricht der Koberner Burgpfad eine sprichwörtlich märchenhafte Tour auf fantastischen 16 700 Metern.

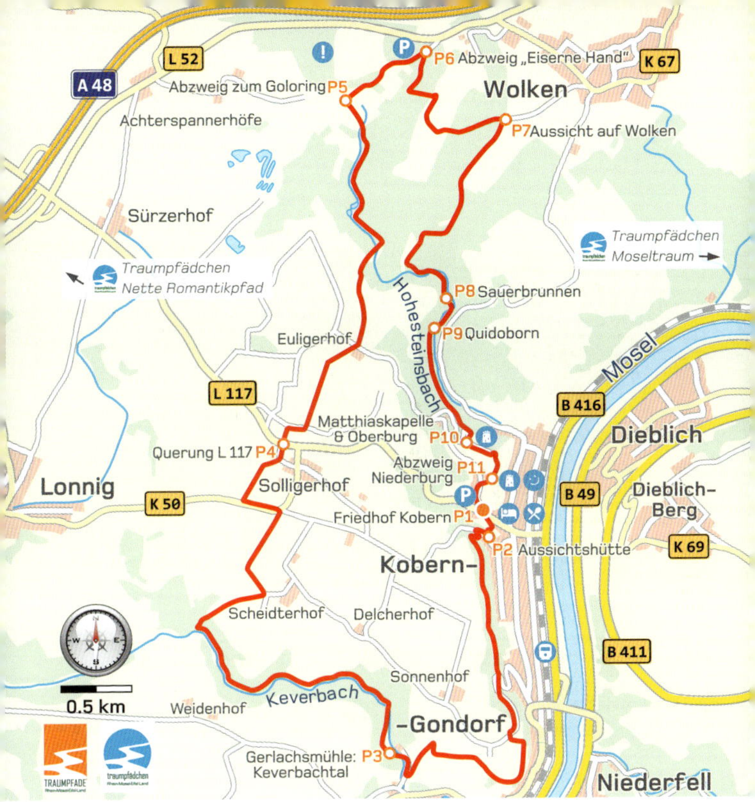

A 48
L 52
P6 Abzweig „Eiserne Hand"
K 67
Abzweig zum Goloring P5
Wolken
Achterspannerhöfe
P7 Aussicht auf Wolken
Sürzerhof
Traumpfädchen
Moseltraum
Traumpfädchen
Nette Romantikpfad
Hohesteinsbach
P8 Sauerbrunnen
P9 Quidoborn
Euligerhof
Mosel
L 117
B 416
Matthiaskapelle
& Oberburg
P10
Dieblich
Querung L 117 P4
Abzweig
Niederburg
P11
Lonnig
Solligerhof
B 49
Dieblich-
Berg
K 50
Friedhof Kobern P1
P2 Aussichtshütte
K 69
Kobern-
Scheidterhof
Delcherhof
B 411
Sonnenhof
0.5 km
Weidenhof
Keverbach
-Gondorf
Gerlachsmühle: P3
Keverbachtal
Niederfell
TRAUMPFADE
traumpfädchen

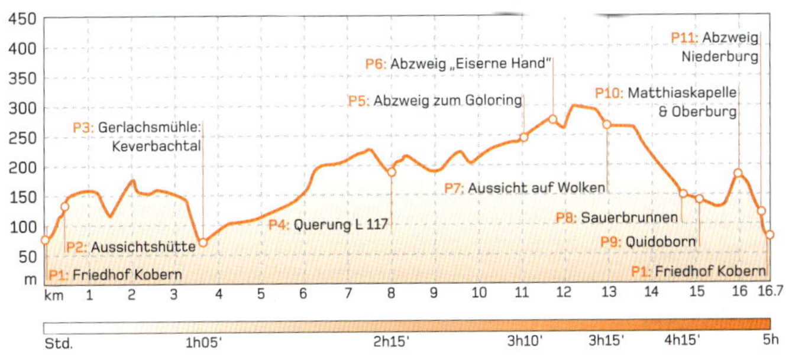

17 Traumpfad Bergschluchtenpfad Ehrenburg

Start/Ziel: Brodenbach

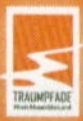

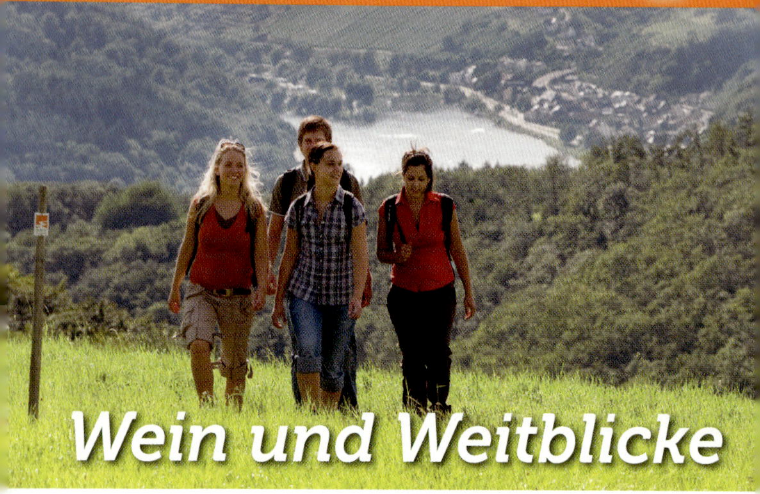

Wein und Weitblicke

18.6	5h 30min	749	380	1451 1702	
km		↑ ↓			TP15TX5

Tourist-Info: Sonnige Untermosel, Moselstraße 7, 56332 Alken 02605/8472736 www.sonnige-untermosel.de

Anfahrt: B 49 entlang der Mosel nach Brodenbach. Von der A 61 Abfahrt Waldesch, weiter über die L 207 an die Mosel.

Parkplatz: Moselufer N50° 13' 42.0'' • E7° 26' 45.5''

ÖPNV: Täglich, Linie 301 von Koblenz Hbf Richtung Burgen bis Brodenbach Niederbach

scan to go®

Sportliche Herausforderung, Romantik, Naturgenuss und Spannung auf hohem Niveau: Der Bergschluchtenpfad bietet grandiose Landschaften, steile Moselhänge und sensationelle Fernsichten.

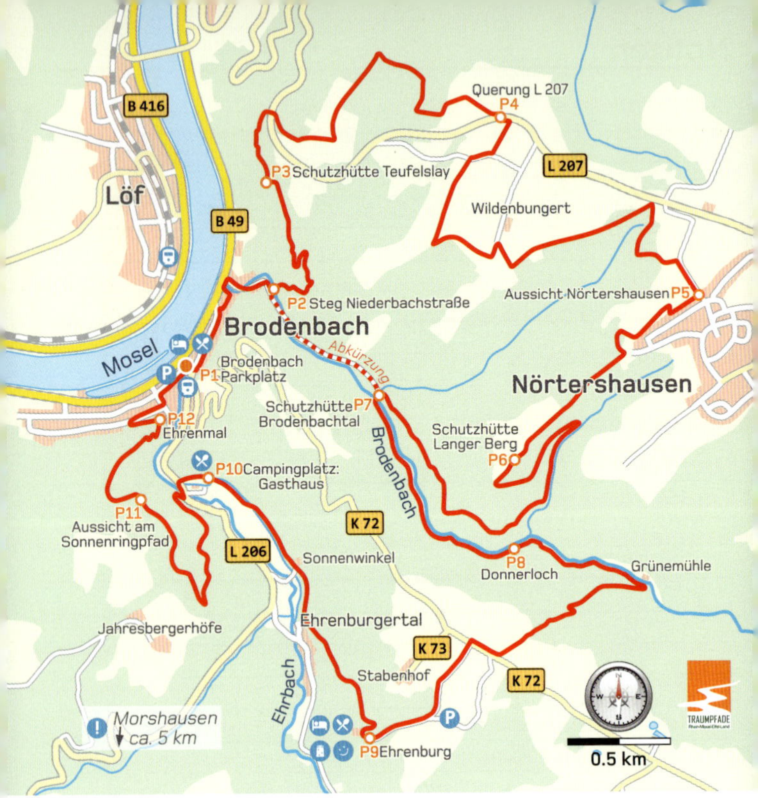

B 416
Löf
B 49
Mosel
Brodenbach
P1 Brodenbach Parkplatz
P2 Steg Niederbachstraße
P3 Schutzhütte Teufelslay
Querung L 207
P4
L 207
Wildenbungert
Aussicht Nörtershausen P5
Nörtershausen
Abkürzung
Schutzhütte P7
Brodenbachtal
Brodenbach
Schutzhütte
Langer Berg
P6
P12
Ehrenmal
P10 Campingplatz:
Gasthaus
P11
Aussicht am
Sonnenringpfad
K 72
L 206
Sonnenwinkel
P8
Donnerloch
Grünemühle
Ehrenburgertal
Jahresbergerhöfe
K 73
Stabenhof
K 72
Ehrbach
Morshausen
ca. 5 km
P9 Ehrenburg
0.5 km
TRAUMPFADE
Rhein-Mosel-Eifel-Land

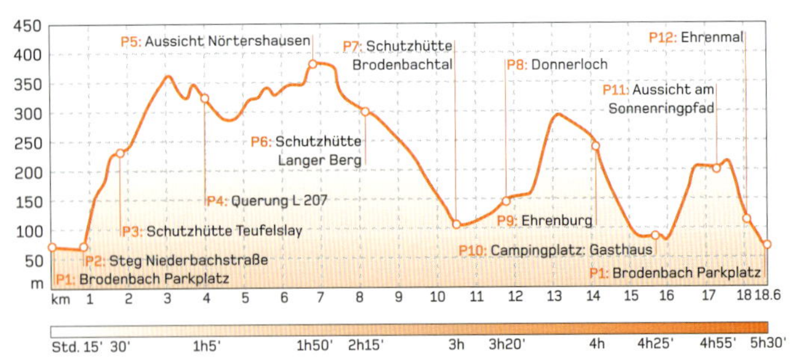

Notizen

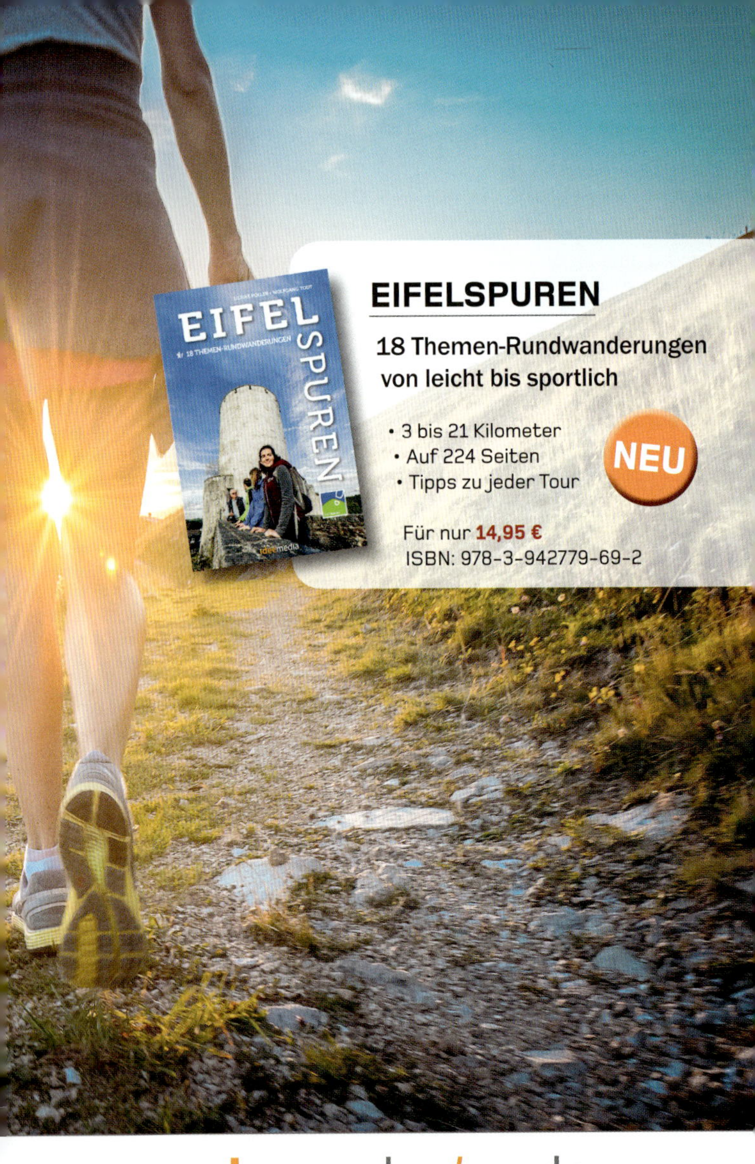

ideemediashop.de

Register

Register

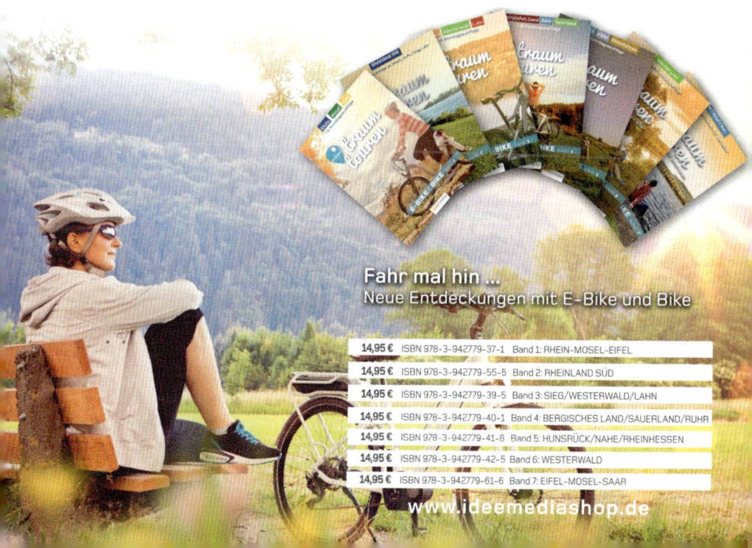

Fahr mal hin ...
Neue Entdeckungen mit E-Bike und Bike
14,95 € ISBN 978-3-942779-37-1 Band 1: RHEIN-MOSEL-EIFEL
14,95 € ISBN 978-3-942779-55-5 Band 2: RHEINLAND SÜD
14,95 € ISBN 978-3-942779-39-5 Band 3: SIEG/WESTERWALD/LAHN
14,95 € ISBN 978-3-942779-40-1 Band 4: BERGISCHES LAND/SAUERLAND/RUHR
14,95 € ISBN 978-3-942779-41-8 Band 5: HUNSRÜCK/NAHE/RHEINHESSEN
14,95 € ISBN 978-3-942779-42-5 Band 6: WESTERWALD
14,95 € ISBN 978-3-942779-61-6 Band 7: EIFEL-MOSEL-SAAR
www.ideemediashop.de

Autoren

Ulrike Poller studierte in ihrer Heimatstadt Würzburg Mineralogie und promovierte in der Schweiz über das Silvretta Massiv. 1995 kam sie als Wissenschaftlerin ans Max-Planck-Institut für Chemie in Mainz, wo sie zusammen mit Wolfgang Todt Altersbestimmungen durchführte.

Wolfgang Todt, aufgewachsen in Heidelberg, studierte Physik und Geologie. Von 1980 bis 2005 leitete er am Max-Planck-Institut für Chemie in Mainz die Arbeitsgruppe für Geochronologie.

Wolfgang Todt und Ulrike Poller sind verheiratet und haben 2005 ihre Agentur „Schöneres Wandern" gegründet, die sich bemüht, die Qualität von Wanderwegen zu verbessern. Beide sind Mitglied im Deutschen Wanderinstitut.
Infos unter: **www.schoeneres-wandern.de**

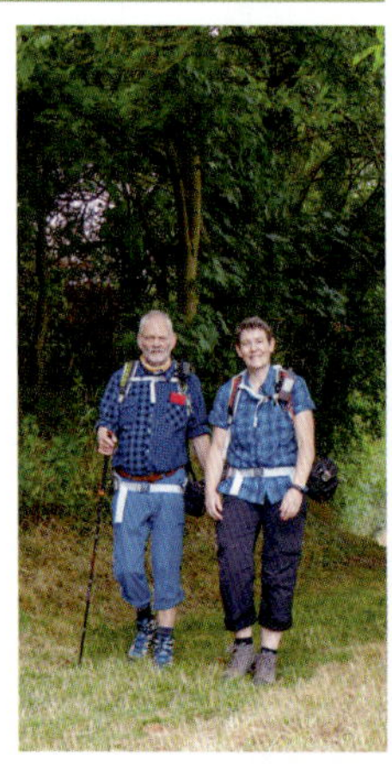

GPS: So funktioniert's

EINFACH HIMMLISCH GEFÜHRT

Besitzer von GPS-Navigationsgeräten (Outdoor-Geräte oder Smartphones) kommen nie vom Weg ab und wissen immer, wo sie gerade sind: In allen Rad- und Wanderführern des ideemedia-Verlags finden Sie die Rad-, Wander- und Erlebnisrouten für Outdoor-Navigationsgeräte. Die Touren liegen im weit verbreiteten *gpx-Format vor.

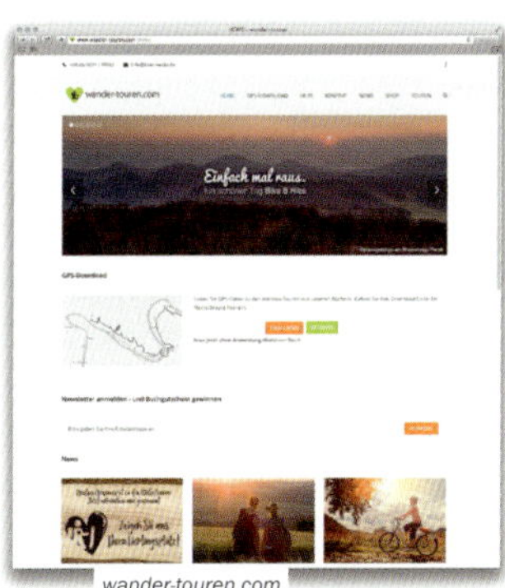

wander-touren.com

Mit dem kostenlosen Programm BaseCamp von Garmin ist es möglich, die Tracks anzusehen, zu bearbeiten und direkt auf Garmin-Geräte zu laden. Dieses Programm kann auch ohne die zusätzlich zu kaufende Karte eingesetzt werden, bietet dann aber nur eine globale Karte ohne Details. BaseCamp läuft zudem auch auf Apple Computern. Alle anderen Hersteller von Outdoor-GPS-Geräten bieten ebenfalls kostenlose Programme an. Allerdings müssen Sie meistens auch eine digitale Karte erwerben, um den Track am PC und auf Outdoor-Geräten auf der Karte zu sehen. Für PC-Nutzer ist auch die Software MagicMaps Tour Explorer empfehlenswert. In OpenStreetMaps oder Google Maps können die Daten mithilfe eines GPX Viewer angezeigt werden. Diese Kartenansicht können Sie für unterwegs zum persönlichen Gebrauch ausdrucken.

DIREKT ZUM PREMIUM-TRACK: SO FUNKTIONIERT ES

Zum Download der Routen benötigen Sie entsprechende Tour-Codes. Diese finden Sie unter anderem jeweils am Anfang der einzelnen Kapitel oder am Ende. Auf der Internetseite www.wander-touren.com geben Sie den Code ein. Eine gesonderte Anmeldung ist nicht mehr erforderlich. Sie bestätigen mit der Downloadanfrage, dass Sie im Besitz des entsprechenden Buches (Print oder elektronische Ausgabe) sind. Wenn Sie per Mail über Updates informiert werden möchten, melden Sie sich bitte unter www.wander-touren.com zum Newsletter an.

▸ GPX-DATEN AUF OUTDOOR-NAVIS LADEN

Als Buchbesitzer können Sie die Daten als Datei im weit verbreiteten *gpx-Format als Einzeltour laden und danach auf Ihrem PC ablegen. In einzelnen Fällen können die Daten hinter den Codes auch gebündelt als *.zip-Datei verpackt vorliegen, die Sie vor der weiteren Verwendung entpacken müssen.

Als Nächstes müssen Sie die gewünschte Tour auf Ihr Navigationsgerät übertragen. Für die meisten GPS-Outdoor-Geräte ziehen Sie einfach den Track von Ihrem Desktop nach Verbinden des GPS-Geräts mit dem Computer in das GPS-Verzeichnis Ihres Outdoor-Geräts, das Sie als Laufwerk auf dem Desktop sehen. Sollte Ihr GPS-Gerät ein besonderes Format verlangen, so können Sie den Track mit der Software RouteConverter in fast jedes Format konvertieren. RouteConverter ist ein kostenloses GPS-Werkzeug, um Routen, Tracks und Wegpunkte anzuzeigen, zu bearbeiten und zu konvertieren.

Es läuft sowohl auf PC als auch auf Apple Computern. Zur Übertragung der Tour-Daten können Sie auch die Ihrem Kartenprogramm oder Ihrem Navigationsgerät beigelegte Software nutzen. Bei Problemen mit der Übertragung der Daten auf Ihr Navigationssystem wenden Sie sich bitte an Ihren Hersteller oder Lieferanten. Sollte der von Ihnen verwendete Internet-Browser den Daten-Download blockieren, kontrollieren Sie bitte Ihre Sicherheitseinstellungen und beachten die Angaben des Anbieters.

▸ GPS FÜR SMARTPHONES/IPHONES

GPS-Daten auf ein Smartphone zu laden, ist inzwischen recht einfach und funktioniert mit mehreren Apps sowohl für iPhones als auch für Android-Geräte. Unser Tipp: Laden Sie sich verschiedene Apps auf Ihr Gerät und testen Sie, mit welcher Software Ihr Gerät fehlerfrei arbeitet. Laden Sie nun von www.wander-touren.com den *.gpx-Track herunter und öffnen ihn mit einem geeigneten Programm. Meist schlägt das Betriebssystem eine Auswahl geeigneter Programme vor. Probleme kann es evtl. mit den Karten geben, wenn diese unterwegs über das Netz geladen werden müssen. Von Netzproblemen abgesehen, kann das zu hohen Downloadkosten führen.

GPS: So funktioniert's

GRATIS-APP traumtouren: SCANNEN, LADEN, LOSLEGEN

Wesentlich einfacher geht es mit der neuen App „traumtouren“, die Sie für Smartphones und Tablet-PCs als kostenlose Basis-Version über GooglePlay (Android) und iTunes App-Store (iOS) laden können. Via Tour-Code oder über das Scannen des QR-Codes aus der App heraus können Sie dann schnell, einfach und bequem die komplette Tour auf Ihr Smartphone oder Tablet übertragen. Neben der Wegstrecke erhalten Sie zusätzliche Kurzinfos, sehen (bei bestehender Mobilfunk- bzw. Satellitenverbindung) Ihren aktuellen Standort und können der vorgeschlagenen Route folgen. Die App ist auf einfache Bedienbarkeit ausgelegt und auf die wesentlichen Funktionen für unterwegs reduziert. Bedenken Sie bitte: Je nach Mobilfunkvertrag können für die Nutzung der Verbindung Kosten anfallen. **Die App ist nicht Bestandteil des Buchkaufs**, die Verfügbarkeit ist nicht garantiert. Bitte beachten Sie die gesonderten Nutzungsbedingungen. Eine ausführliche Anleitung zur Bedienung der App finden Sie auf www.wander-touren.com/www/app-hilfe.

Bitte beachten: Wenn Sie den QR-Code nicht aus der App herausscannen, öffnet sich Google Maps, und es wird Ihnen der Startpunkt der Tour angezeigt. Sehr praktisch, um teils versteckt liegende Ausgangspunkte zu finden.

ALLGEMEINE HINWEISE

Alle Daten wurden auf Fehlerfreiheit geprüft und werden bei Änderungen der Wegführung nach Verfügbarkeit aktualisiert. ideemedia übernimmt keine Haftung für mögliche Abweichungen, Vollständigkeit, Verfügbarkeit und Einsatz auf allen Navigations-Modellen. Sollte ein Gerät das Laden von GPS-Daten nicht ermöglichen, so wenden Sie sich in diesem Fall bitte an den Hersteller. Die Nutzung der Tour-Downloads ist nur Buchbesitzern zur privaten Verwendung gestattet, eine Weitergabe an Dritte sowie das Vervielfältigen auf Datenträgern jeder Art ist untersagt. Kommerzielle Nutzung ist nur nach schriftlicher Vereinbarung mit ideemedia gestattet. Idee, Konzeption und Daten sind urheberrechtlich geschützt. Die Daten enthalten einen Sicherheits-

code. Eine Vervielfältigung zur Verteilung oder Verlinkung ist strikt untersagt und kann bei Missbrauch zu Schadenersatzforderungen führen.

▸ PREMIUM-GPS: WAS IST DAS?

Im Gegensatz zu vielen anderen Anbietern im Print- und Online-Bereich greifen wir nicht auf die Standard-Daten von kostenlosen Internetportalen, privaten oder öffentlichen Anbietern zurück, sondern ermitteln die Daten vor Ort und aktualisieren diese im Regelfall, wenn uns gravierende Änderungen bekannt werden. Um es Kunden so komfortabel wie möglich zu machen, bieten wir Ihnen, neben den *.gpx-Daten, die Nutzung der App traumtouren. Die Arbeit ist aufwendig und kostenintensiv – und daher bitten wir um Verständnis, dass wir diese aufbereiteten Daten in vollem Umfang nur unseren Kunden zur Verfügung stellen. Die aktuellen *.gpx-Daten stehen in der Regel für 36 Monate ab Ausgabejahr kostenfrei bereit.

▸ GPS-DATEN VERARBEITEN: NICHT OHNE ÜBUNG

Trotz enormer Fortschritte in der Gerätebedienung ist es für Laien immer noch nicht völlig unkompliziert, die Daten auch richtig nutzen zu können. Da es sich bei den *.gpx-Daten um ein kostenfreies Zusatzangebot zu unseren Printprodukten handelt, können wir keine Unterstützung für GPS-Geräte, GPS-Software oder Kartengrundlagen leisten. Bitte wenden Sie sich dazu an Ihren Hersteller oder Lieferanten und arbeiten Sie sich gründlich in die Möglichkeiten der GPS-Nutzung ein. Verlassen Sie sich auch bei Ihren Touren nicht ausschließlich auf Ihr GPS-Gerät, Empfangsprobleme in engen Schluchten oder hohen Wäldern, Batterie- oder Softwareprobleme sind nicht unbekannt. Wir empfehlen aus Erfahrung die zusätzliche Mitnahme von Buch und Karten.

▸ PROBLEME MIT .GPX-DATEIEN BEI MANCHEN PROGRAMMEN/APPS

Wenn Sie sich unsere Touren einfach und bequem auf dem Smartphone anzeigen lassen möchten, empfehlen wir Ihnen unsere App „traumtouren“, da Ihnen hier alle wichtigen Infos und alle vorhandenen Tracks zur Tour einfach und schnell angezeigt werden. Leider kommt es ab und an vor, dass andere Programme oder Apps Probleme mit den von uns bereitgestellten umfangreichen .gpx-Daten haben. Da wir unsere .gpx-Daten häufig mit

zusätzlichen Informationen zu Zuwegen, Abwegen und Varianten ausstatten, enthalten unsere Daten häufig mehrere Tracks. Einige Apps und Programme wie bspw. Komoot können jedoch nur einen Track pro .gpx-Datei darstellen. Befinden sich mehrere Tracks in einer Datei wird bei diesen automatisch der erste für die Darstellung ausgewählt und angezeigt. Die anderen Tracks können nicht ausgewählt oder angezeigt werden, weshalb manche Touren zu kurz oder unvollständig erscheinen. Kunden, die eine solche App oder ein solches Programm zur Navigation nutzen, empfehlen wir die .gpx-Datei mit dem Programm RouteConverter zu öffnen. Dieses Programm gibt es (auch für Mac) zum kostenfreien Download im Internet. Hier werden Ihnen nun alle Tracks angezeigt, die in der heruntergeladenen .gpx-Datei enthalten sind. Über dieses Programm können Sie die Tracks nun bearbeiten, separieren und sogar auch in anderen gewünschten Formaten abspeichern. So können Sie die gewünschte Route von den anderen isolieren und abspeichern und schließlich auch mit Programmen und Apps öffnen, die zuvor den gewünschten Track nicht anzeigen konnten.

KARTEN IM BUCH

Bei längeren Strecken ist eine Kartendarstellung mit detailliertem Maßstab im besonders beliebten Pocketformat leider nicht möglich. Die übersichtlichen und aufgeräumten Karten dienen vor allem der kompletten Streckendarstellung mit den wichtigsten Stationen. Sie erleichtern eine erste Orientierung, die sowohl durch die detaillierte Beschreibung ergänzt wird als auch durch die Anbindung an die kostenfreie App traumtouren, die auf nahezu allen Smartphones läuft. Für Navigationsgeräte, zur Karten-Darstellung und zum Ausdrucken via PC steht der Download der *.gpx-Daten zur Verfügung. Mit wenig Aufwand und vielen online angebotenen Programmen (sog. GPX-Viewer) können damit (u.a. auch über Google Maps oder Open Street Map) Kartendarstellungen ausgedruckt werden. Autoren und Verlag haben sich daher konsequent dazu entschieden, diese bequeme, einfache und moderne Form der Darstellung und Navigation zu wählen. Die in der gedruckten Übersichts-Karte und im Text herausgestellten P-Punkte (Point of Interest) sind nicht als Beschilderung zu verstehen, sondern bezeichnen besondere Streckenpunkte topografischer Art, erleichtern die Orientierung bei Abzweigungen oder bezeichnen Sehenswürdigkeiten, bei denen sich ein Halt lohnt. Die Seitensprünge sind alle mit dem entsprechenden Logo markiert.